Gisela Cordes

Metamorphosen

OMNIARA

Dieses Buch widme ich
in später Dankbarkeit
Vater und Mutter
sowie meinen Geschwistern
Lore und Gebhardt

Gisela Cordes

Metamorphosen

Geschichten und Gedichte aus
dem Herzen für die Seele

OMNIARA

Bibliographische Information der Deutschen Nationalbibliothek
Die Deutsche Nationalbibliothek verzeichnet diese Publikation in der Deutschen Nationalbibliographie;
Detaillierte bibliographische Daten sind im Internet über http://dnb.d-nb.de abrufbar.

ISBN: 978-3-9813445-0-9

OMNIARA-Verlag
Zweite Auflage Juni 2010

Texte: Gisela Cordes
Cover, Bilder und Layout: Gisela Cordes

Herstellung: Books on Demand GmbH, Norderstedt

Würde

Ich wurde einst
meiner Würde beraubt.
Mann
nahm sie mir und
Männer saßen moralisierend
über mich zu Gericht.

Nun war ich ohne Würde und
wurde katholisch.
Die Würde zog mich an:
Hochwürden, Ehrwürden,
Ehrwürdige Mutter und
Ehrwürdige Jungfrau ...
Hier gab es genug Würden,
nur keine Würde für mich.

Ich habe mich verliebt
und habe geliebt
und wurde würdelos
und ungeliebt
immer wieder fallengelassen.

Ich fiel und fiel
und dachte dabei,
ich würde so gerne
gehalten werden
um nicht noch tiefer zu fallen.

Doch da war niemand außer mir.

Also streckte ich meine Hände aus
und hielt mich selber fest
und hob mich selber hoch
und stellte mich selber
auf meine Beine zurück.

Nun stehe ich da
auf beiden Füßen.
Habe mich verabschiedet
von den fremden Würden,
denn ich gab mir
meine eigene Würde
selber
zurück.

Der schwere Weg der Nixe Oanea zum Menschen

I

In den Heiligen Wassern, nahe der Heiligen Quelle leben bis auf den heutigen Tag noch Nixen. Die gewöhnlichen Nixen sind ja schon lange ausgestorben und wir kennen sie heute nur noch aus den Märchen. Diese Nixen von den Heiligen Wassern aber sind absolut ungewöhnlich und nur wirklich Eingeweihte wissen von ihnen. Sie sind nämlich unsterblich und haben außerdem die einmalige Möglichkeit, sich in das Wesen zu verwandeln, was sie gerne wären, wenn sie keine Nixe mehr sein möchten. Da sie dann aber ihre Unsterblichkeit verlieren, überlegt sich jede Nixe diesen Schritt sehr genau, denn eine Rückkehr in die Heiligen Wasser ist danach absolut unmöglich. Hier lebte auch *Oanea*, eine junge, äußerst interessierte Nixe. Sie war erst einige tausend Jahre alt, meinte aber trotzdem, es gar nicht mehr in den Heiligen Wassern aushalten zu können. „Sicherlich ist überhaupt nichts dran an dem Gerede", dachte sie, „an dem Gerede, daß ein Leben außerhalb der Heiligen Wasser so schwer sein soll." Die Menschen sollen den Nixen ja sehr ähnlich sein. Sie sollen zwar keinen Schwanz und keine Schuppen haben, aber stattdessen zwei lange „Beine" auf denen sie „stehen" und die sie auch zum „Gehen" und sogar zum Schwimmen benutzen können. Und außerdem sollen sie einen wunderschönen glatten Körper haben. „Ach, es muß doch wunderschön sein, als Mensch zu leben!"

dachte Oanea. Aber sie wollte nichts überstürzen und sich lieber vorher noch von *Oanantes*, der ältesten Nixe der Heiligen Wasser, beraten lassen.

Oanantes lebt seit vielen, vielen Zeitperioden nur noch in der Heiligen Quelle. Nur dort findet er die Ruhe, die man braucht, um zur Wahrheit zu gelangen. Da diese Ruhe jedoch nicht jeder ertragen kann, ist sie für ihn auch gleichzeitig der beste Schutz vor Störung. Oanea wußte das und sie hatte deshalb auch etwas Angst vor der Begegnung. Aber es sollte ihr ein Leichtes sein, die ungewohnte Ruhe zu ertragen, wenn sie dadurch ihrem Ziel, ein Mensch zu werden, näherkommen konnte. Und nachdem sie über alles noch einmal genau nachgedacht hatte, schwamm sie voll Vertrauen zu sich und ihr Vorhaben auf die Heilige Quelle zu.

Sie war schon eine geraume Zeit unterwegs, das leise Plätschern der Wellen von den Heiligen Wassern war abgelöst worden von einem Rauschen und schwoll an zu einem immer stärker werdenden Brausen und Brodeln. Es war das Brausen und Brodeln der Heiligen Quelle und für Oanea fast unerträglich. Aber sie wußte, daß sie da hindurch mußte, denn dahinter war die absolute Stille und in dieser Oanantes, den sie erreichen wollte. Die Kraft, die es sie kostete, da hindurch zu schwimmen, war gewaltig, denn einen solchen Lärm hatte sie noch nie gehört, und er tat ihr richtig weh.

Mit äußerster Anstrengung schwamm sie weiter, als ganz unvermittelt alles still wurde um sie herum und die Nixe das Gefühl hatte, im Nichts zu sein. Es war ihr direkt unheimlich, so etwas hatte sie noch nie erlebt, sie war noch nicht einmal in der Lage, festzustellen, ob sie nun nach oben stieg oder nach unten sank. Sogar das Denken fiel ihr jetzt schwer und irgendwann war sie nicht mehr im Stande, auch nur einen einzigen Gedanken festzuhalten, sie ließ einfach alles geschehen. Es war ganz gleich, ob sie nach oben stieg oder nach unten sank, es war ganz gleich, ganz gleich...

Und alles war so leicht und schön...

Indem sich dieses unendlich schöne Gefühl der Leichtigkeit in Oanea ausbreitete, vernahm sie eine angenehm weiche, ruhige Stimme, die sie beim Namen rief.

Vielleicht wurde sie so schon länger gerufen, aber erst jetzt drang diese Stimme bis in ihr Bewußtsein und sie erkannte auf einmal, daß sie die ganze Zeit – wie lange, wußte sie allerdings nicht – nur im Wasser gestanden und gelauscht und gewartet hatte.

Sie wußte nicht, daß dies die erste große Prüfung war und daß nur diejenige, die diese bestand, es auch bei Oanantes aushalten und vor allem seine Stimme hören konnte. Denn Oanantes sprach schon lange nicht mehr so, wie alle anderen Nixen und war deshalb auch nicht so wie andere zu hören. Er war auch nicht zu sehen, auch nicht für Oanea, die ihre Augen weit geöffnet hatte und sich nun nach demjenigen umsah, dem diese Stimme gehören mußte.

Da hörte sie sich nochmals bei ihrem Namen gerufen, und sie merkte, daß diese Stimme in ihr war, sie brauchte also nur nach innen zu horchen, sie war sicher, ja sie wußte, daß es die Stimme von Oanantes war, obwohl sie ihn ja gar nicht sah. Sie wußte es einfach und war glücklich und bereit, ihm zuzuhören.

„Ich weiß", hörte Oanea ihn zu sich sagen, „ich weiß, daß du gerne ein Mensch sein möchtest und auf der Erde leben. Die Zeit ist für dich reif, denn du hast die erste große Prüfung bestanden und wirst auch die anderen bestehen. Allerdings ist jede weitere ungleich schwerer als die vorhergehende, und niemals wirst du wissen, daß es eine Prüfung ist. Niemals! Das weißt du immer erst hinterher, wenn du wieder eine Stufe weiter bist. Du hast dann eine neue Erfahrung gemacht und bist reif geworden für die nächste Zeit der Prüfung, die dich wieder eine Stufe weiterbringt. Du wirst sehr, sehr viel leiden, aber auch so glücklich sein, wie du es bis jetzt noch nie gewesen bist und als Nixe auch niemals sein kannst. Doch ich will dir auch sagen, daß am Ende dieser Prüfungen wieder der Zustand der Unsterblichkeit steht. Es ist nicht ein solcher Zustand wie unsere Unsterblichkeit, aber das ganze Leben ist darauf ausgerichtet und du mußt alle deine Kräfte und Fähigkeiten zur Erreichung einsetzen."

„Und dann ist da noch etwas: die Menschen besitzen eine Eigenschaft oder Fähigkeit, die sie Liebe nennen und diese Liebe ist der Schlüssel zur neuen Unsterblichkeit. Kein Wesen auf der Erde, außer den Menschen, besitzt diese Eigenschaft, obwohl man sie auch manchen Tieren, die mit ihnen zusammenleben, nachsagt. Auch wir Nixen haben sie nicht. Und obwohl ich schon so viele Ewigkeiten bin und auf die Erkenntnis warte, weiß auch ich nicht, was die Liebe ist. Aber sie soll wunderbar sein und die Menschen über alles, was auf Erden lebt, erheben. Werde also du ein Mensch und finde die Liebe."

„Ja", dachte Oanea, „vielleicht wäre es aber besser, die Menschen zuerst kennenzulernen, dann sind sie mir nicht mehr ganz so fremd und ich finde die Liebe vielleicht eher." Oanantes hatte ihre Gedanken aufgenommen und sie hörte ihn wieder in sich antworten: "Du hast recht, Oanea. Ich will dir deshalb Menschen und ihre Umgebung zeigen. Schließe also deine Augen und sieh."

Oanea schloss ihre Augen, ohne über diese eigenartige Aufforderung nachzudenken, und schon tauchten die ungewöhnlichsten Bilder in ihr auf. So etwas hatte sie noch nie gesehen, trotzdem wußte sie, was sie sah. Sie wußte es einfach ... Es waren lebendige, farbenfrohe, reiche Szenen und Oanea war fasziniert.

Der Strom der Bilder war schon lange zu Ende, als sie wieder zu sich kam. Ja, das war etwas anderes als ihr bisheriges Leben als Nixe, etwas ganz und gar anderes. Und so sollte ihr neues Leben sein. Sie konnte nichts mehr daran ändern, es zog sie einfach dahin, und Oanantes wußte es bereits. Ihm blieb nur noch übrig, zu erklären, was als nächstes passieren würde und gebannt hörte die Nixe ihm nochmals zu. Sie müsse wieder zurück in den Zustand des „Nicht-mehr-Denkens", teilte er ihr mit, in diesen Zustand, den sie ja schon einmal erlebt hatte und der ihr daher schon bekannt ist. Und wenn sie dann wieder sich selbst bewußt sei, wäre sie ein Mensch und habe vergessen, daß sie jemals eine unsterbliche Nixe gewesen war. Nur in ihren Träumen wird es manchmal ein Erinnern sein, aber ihr Auftrag, die Liebe zu finden, wird als ständige Sehnsucht in ihr bleiben.

„So", hörte sie Oanantes in sich, „nun weißt du alles. Bist Du bereit?"
„Ja!"
„Dann lebe wohl. In deinen Träumen werde ich bei dir sein ..." und Oanantes verschwand aus ihrem Bewußtsein, so daß es wieder ganz still in ihr wurde, ganz still und leicht ... so leicht ...

Und eben jetzt wurde in einer Familie ein Kind geboren.

II

Die Eltern bekamen ihr zweites Baby, es war wieder ein Mädchen, sie nannten es Johanna, und die Eltern freuten sich aufrichtig. Insgeheim aber war die Mutter enttäuscht, denn sie wollte gar kein Mädchen mehr haben, sondern viel lieber einen Jungen, da sie ja schon eine Tochter hatte.

Johanna hatte eine eigenartige Sehnsucht in sich, die jeder spürte, der mit ihr in Berührung kam. Von Tag zu Tag wurde sie ihren Eltern unverständlicher, besonders ihrer Mutter. Während Michaela, Johannas Schwester, ein sogenanntes braves oder *liebes* Baby gewesen war, stets zufrieden, wenn die Mutter sie auf den Arm genommen hatte, um sie zu stillen, frisch zu wickeln oder ein wenig mit ihr zu scherzen und zu schmusen, war Johanna ganz das Gegenteil. Und obwohl ihre Mutter meinte, mit ihr genauso umzugehen wie mit ihrer ersten Tochter, spürte sie, daß Johanna das nicht so empfand und es ihr auch nicht genügte. Aber was wollte dieses Kind denn? Die Mutter verstand es nicht und auch nicht der Vater und so stellten die Eltern schließlich resigniert fest, daß dieses Kind ein schwieriges Kind ist. Sie wollten Johanna so gerne lieben, aber sie machte es ihnen wirklich nicht leicht.

Also begannen die Eltern, Johanna nach dem Rezept für schwierige Kinder zu erziehen. Von jetzt an wurde sie immer, wenn sie schön lieb war, gestreichelt und gelobt und wenn sie nicht lieb war, bestraft, denn so sah es das Rezept zur Erziehung schwieriger Kinder vor. Aber nie vergaßen ihre

Eltern, ihr gleichzeitig zu versichern, wie sehr sie ihre jüngere Tochter trotzdem liebten, und wenn sie, Johanna, ihre Eltern und ihre Schwester ebenso lieben würde, würde sie ihnen allen nicht solche Schwierigkeiten machen.

Es gab nur einen einzigen Menschen in Johannas Leben, der sie so nahm, wie sie war, ohne sie zu kritisieren oder verändern zu wollen, und das war ihre Großmutter. Ihre Großmutter sprach auch nie von Liebe zu ihr, weder so, wie sie es von ihren Eltern kannte, noch auf eine andere Weise. Bei ihr fühlte sie sich immer wohl und frei. Und sie ging auch jedes Mal nur ungern von ihr fort. Die Großmutter war der Lichtblick in ihrem Leben, sie half ihr über vielen Kummer hinweg.

Johanna wurde älter und lernte, daß sie alles durfte, was ihre Eltern und Michaela wollten. Sie selbst wollte zwar auch immer etwas, aber das war eben nicht das, was sie durfte. Außerdem wurde sie dann ja auch nicht geliebt.

Während Johanna heranwuchs, verlor sie ihre eigenen Wünsche, ihre Vorstellungen und ihr eigenes Wollen immer mehr und alle waren jetzt mit ihr zufrieden. Das Rezept zur Erziehung schwieriger Kinder war wirklich sehr erfolgreich, und die Eltern konnten es guten Gewissens weiterempfehlen. Daß trotz allem in Johanna eine Sehnsucht blieb, von der sie nie sagen konnte, was es war, behielt sie für sich, denn sie hatte auch schmerzlich gelernt, daß die Erwachsenen einem alles kaputt machen, was sie nicht verstehen. Da sie aber auch immer wieder betonten, daß sie das alles nur aus Liebe taten, war sie natürlich recht unsicher.

Wenn sie nur wüßte, was Liebe eigentlich ist! Man kann sie nicht anfassen, man kann sie nicht essen, und fühlen kann man sie eigentlich auch nicht. Und die Eltern sagten immer nur: „Wenn Du schön brav bist, dann bist Du lieb und dann haben wir Dich auch ganz lieb."

Konnte Liebe so etwas fürchterlich Schweres sein, das nur zu bekommen war, wenn man aufhörte, so zu sein, wie man eigentlich sein wollte? Woher hatte Johanna auch diese Sehnsucht in sich? Sie wußte es nicht, trotzdem war sie da, und Johanna mußte dieser Sehnsucht nachgehen, ob sie wollte oder nicht.

Manchmal träumte sie nachts von Nixen und es kam ihr vor, als hätte sie das alles schon einmal erlebt. „Träume sind Schäume", sagten die Eltern, also erzählte Johanna auch hiervon nichts mehr und begann stattdessen, in zwei Welten zu leben. Die eine Welt war die Welt ihrer Eltern, die sogenannte „reale" Welt, die andere war die ihrer Träume. Tatsächlich wurde aber die Traumwelt mit der Zeit für Johanna die realere Welt. Immer öfter zog sie sich deshalb nach innen zurück, um auf die Stimme zu horchen, die ihr wieder und wieder zuflüsterte: „Finde die Liebe! Finde heraus, was die Liebe ist!"

Nach außen funktionierte Johanna inzwischen hervorragend, sie reagierte immer genauso, wie es ihr nach dem Rezept zur Erziehung schwieriger Kinder beigebracht worden war. Sie hatte gelernt, keine Schmerzen mehr zu fühlen, denn sie wurde doch nie getröstet, weinen durfte sie sowieso nicht, und weil sie ein schwieriges Kind gewesen war, war sie auch an allem schuld, was irgendwo schief ging. Es hatte für sie absolut keinen Zweck, irgendwem irgendetwas erklären zu wollen, es hörte ihr einfach niemand zu, denn das war so bei schwierigen Kindern, die reden ja doch nur dummes Zeug und das auch noch viel zu viel. Also, wie gesagt, nach außen hin funktionierte Johanna wirklich hervorragend, nur manchmal rutschten ihr noch so einige Ideen heraus, die wieder niemand verstand, und dann sagten die Leute: „Sie spinnt halt ein bißchen."

III

Es wurde für Johanna nun Zeit, ihr Elternhaus zu verlassen. Sie erlernte einen Beruf und machte dieselben Erfahrungen wie schon zu Hause, denn die Menschen, mit denen sie zu tun hatte und zu tun bekam, erwarteten von ihr, daß sie lediglich das tat, was man ihr auftrug und beibrachte. Eine eigene Meinung war nicht erwünscht. Das hatte für die anderen den Vorteil, daß sie ihr beliebig viel aufbürden und abverlangen konnten, bis sie schließlich zusammenbrach. Und sie brach oft zusammen. Trotzdem hörte sie in ihrem Inneren immer wieder die leise Stimme: *Finde die Liebe*. Diese Aufforderung hielt Johanna aufrecht und ließ sie immer wieder voller Hoffnung neu beginnen.

Eines Tages begegnete ihr der Mann ihres Lebens, Johanna verliebte sich Hals über Kopf und schwebte auf Wolke Nummer Sieben. Sie war so glücklich! Die Welt war in ein rosarotes Licht getaucht und Johanna hatte alles vergessen, wovon sie vorher verletzt worden war. Sie heiratete und bekam Kinder und arbeitete bis zum Umfallen, aber das kannte sie ja schon, es war nichts Neues für sie. Ihr Mann hatte das ganz schnell heraus gefunden und lernte schnell, immer neue Forderungen zu stellen. Das rosarote Licht verlor langsam seine Strahlkraft und schließlich die Farbe, und nun sah plötzlich alles überwiegend grau aus oder schwarz oder weiß. Johanna hatte das Gefühl, in ein tiefes, tiefes Loch zu stürzen, aus dem es kein Herauskommen mehr gab. Als sie glaubte, noch tiefer nicht mehr fallen zu können, erhielt sie die Nachricht, daß ihre Großmutter im Sterben läge. Also machte sie sich auf den Weg in ihr Elternhaus, denn sie hatte sich selber das Versprechen gegeben, ihre Großmutter auf ihrem letzten Weg zu begleiten, denn wer weiß, wie es ihr ohne ihre Großmutter damals zu Hause ergangen wäre. Vorsichtshalber hatte sie mit keinem Menschen darüber gesprochen, denn es hätte niemand verstanden. Nun war es also so weit und Johanna war rechtzeitig zur Stelle.

Es ging der Großmutter wirklich schon sehr schlecht, sie erkannte Johanna gar nicht mehr. Aber das spielte keine Rolle. Johanna schickte alle aus dem Zimmer hinaus mit der Begründung, daß sie sich ausruhen sollten und sie waren auch alle froh, daß sie jetzt gehen konnten, denn der Tod war ihnen unheimlich. Johanna zog sich leise einen Stuhl an Großmutters Bett, setzte sich vorsichtig hin, nahm sanft und liebevoll ihre Hand und schaute ihr immer wieder in das vor Schmerzen angespannte Gesicht. Schweißtropfen bildeten sich auf der Stirn, die Johanna ihr vorsichtig abtupfte. Endlich entspannte sich das Gesicht der Großmutter, es wurde innerhalb weniger Minuten jünger und jünger, bis Großmutter schließlich aussah wie ein selig lächelndes junges Mädchen. Mit Staunen verfolgte Johanna diese Verwandlung, und dann nahm sie trotz ihrer Versunkenheit plötzlich eine neue Energie im Raum wahr. Es fühlte sich gerade so an, als ob jemand ganz Großes leise das Zimmer betreten hätte. Sie konnte dieses große Wesen, welches um ein Vielfaches größer war als sie selbst, nicht sehen, aber ganz deutlich fühlen, so, wie man die Präsenz einer anwesenden Person im Rücken spürt. Und voller Staunen dachte Johanna: „Sie wird ja abgeholt!" Auf dem Gesicht ihrer Großmutter breitete sich in diesem Moment ein überirdisch schönes Lächeln aus, das Gesicht schien von innen heraus zu leuchten. Und dann tat sie noch einen letzten tiefen Atemzug und das, was in ihr gelebt hatte, verließ ihren Körper. Etwas von der Großmutter war mit diesem großen Wesen mitgegangen und im Bett lag nur noch die leere Hülle, ihr Körper. Für Johanna allerdings war ihre Großmutter nicht wirklich tot, sondern nur nicht mehr da.

Obwohl Johanna nun eigentlich hätte traurig sein müssen, war dies doch der glücklichste Moment in ihrem ganzen bisherigen Leben. Es war für sie wie Weihnachten und Ostern an einem Tag, denn sie war sich sicher, einen Blick in den Himmel getan zu haben. Dort hatte sie alle gesehen, die bereits gegangen waren und wußte, daß eines Tages auch sie selbst, genau wie Großmutter, abgeholt werden würde, und das machte sie so glücklich. Und wie ein Echo hörte sie danach immer öfter wieder in sich diese leise Stimme, die ihr aber diesmal deutlicher und eindringlicher als sonst zuflüsterte: *Finde die Liebe!* Und aus eigener Kraft entstieg sie nun ihrem Loch, um wieder von vorn zu beginnen.

Die Aufforderung, die Liebe zu finden, machte sie ab sofort zu ihrem Lebensziel. Alles richtete sie danach aus: den Ortswechsel, den Wohnungswechsel, den Berufswechsel. Sie ging auch neue Beziehungen ein, aber da machte sie noch die alten Erfahrungen. Zeitweise ging es drei Schritte vorwärts und zwei Schritte zurück. Aber Johanna gab nie auf. Dabei wurde sie unterstützt von den immer häufiger werdenden starken Momenten, die einfach nur schön waren, so daß sie Kraft sammeln konnte für die nächsten Schritte.

IV

In diesen Jahren liebte es Johanna, stundenlang in der Badewanne zu liegen und zu meditieren. Das Wasser war ihr so vertraut und sie konnte da am besten alle ihre Gedanken abschalten. Eines Tages hatte sie sich vorgenommen, mit dem Lieben Gott persönlich zu sprechen. Sie dachte sich, daß es jetzt an der Zeit wäre, endlich mal Nägel mit Köpfen zu machen, statt immer nur Bücher zu lesen oder auf irgendwelche Leute zu hören, die nur wieder eine gerade aktuelle Theorie zur Selbstverwirklichung vertraten. Sie richtete sich also das Bad gemütlich her, indem sie die Heizung voll aufdrehte, Kerzen im Bad verteilte und anzündete, ebenso einige Räucherstäbchen, und, während sie das Badewasser einlaufen ließ, ein feines Badeöl hineingoß und die Jalousien schloß. Sie wollte mit Gott ganz allein sein. Dann zog sie sich aus und ließ sich ins wohlig warme Wasser gleiten.

Johanna rutschte ganz unter die Oberfläche, bis nur noch Kopf und Knie herausschauten und wartete, bis die Wärme ihren ganzen Körper durchdrungen hatte. Dann schloß sie ihre Augen und stellte sich vor, auf einer unendlich langen Treppe nach oben in den Himmel zu steigen. Es war eine schmale, freischwebende Treppe, aber sie hatte keine Angst, denn sie hatte ja ein Ziel vor Augen. Sie drehte sich auch nicht um, um zurück zu schauen. Stufe um Stufe stieg sie höher hinauf, bis plötzlich, wie aus dem Nichts, ein Treppenabsatz mit einer Tür vor ihr auftauchte. Es war eine blanke braune Holztür mit einem großen Türklopfer daran, den sie beherzt zog. Von drinnen hörte sie einen klaren dunklen Glockenton und kurz darauf Schritte. Dann wurde die Tür geöffnet. Ein gepflegter Mann mittleren Alters stand vor ihr und bat sie hinein. „Ob das wohl Petrus ist?“ dachte Johanna, sagte aber nichts, sondern folgte dem Mann. Er führte sie in einen geräumigen hellen Vorraum und fragte sie nach ihrem Begehr. „Ich möchte gerne mit Gott persönlich sprechen“, antwortete sie ihm. Daraufhin geleitete er sie in ein angrenzendes lichtdurchflutetes Büro, das mit einem schweren dunklen Schreibtisch in der Mitte des Raumes und einem schwarzen Ledersessel davor sowie einem schwarzen Ledersofa ausgestattet war. Das Ledersofa befand sich rechts neben der Tür an der Wand unter der Treppenschräge und wirkte sehr gemütlich. Der Mann, der vielleicht Petrus war, bat sie, auf dem Sofa Platz zu nehmen und sich noch ein klein wenig zu gedulden, Gott käme gleich.

Nun hatte Johanna Zeit, noch einmal alles zu bedenken, was sie Gott fragen und was sie Gott sagen wollte. Aber irgendwie war in ihrem Kopf gerade gähnende Leere. Also setzte sie sich einfach bequem zurück und genoß das Wissen, dort angekommen zu sein, wohin sie gewollt hatte. Zum ersten Mal, seit sie denken konnte, fühlte sie sich geborgen, wirklich und richtig geborgen. Es war ein unbeschreibliches Gefühl. „Irgendwie satt“, dachte sie.

In genau diesem Augenblick ging die Tür auf, Gott betrat den Raum und setzte sich einfach links neben Johanna auf das Sofa. Gott war so körperlich präsent, daß sie sich an ihn lehnen konnte, so, wie ein Kind sich vertrauensvoll an die Schulter des Vaters lehnt. Und Gott ließ es zu. Nie wieder würde sie diesen Moment vergessen können. Und dann hörte sie IHN sprechen, und zwar in sich, in ihrem Bauch. Johanna war hellwach, sie wußte, daß sie in Wirklichkeit in ihrer Badewanne lag, gleichzeitig befand sie sich aber auch in dem lichtdurchfluteten Büro Gottes auf dem schwarzen Ledersofa direkt an Gottes Schulter angelehnt. Und sie hörte Seine Stimme in sich. Sie hatte so viele Fragen, die sie Ihm stellte, und alle wurden ihr beantwortet. Am Anfang dachte sie noch, daß sie das, was sie da vernahm, in die Sprache, in der sie normalerweise immer dachte, übersetzen müßte. Aber das dauerte viel zu lange, also entschloß sie sich, einfach nur zuzuhören und sich alles zu merken. Ihre letzte Frage war, ob sie jemals die Liebe finden würde, und Gott antwortete ihr mit einem ganz klaren „Ja."

Schließlich bedeutete ihr Gott, daß es für sie nun Zeit wäre, Abschied zu nehmen und sich auf den Rückweg zu machen. Aber sie wollte noch nicht gehen. Um den Augenblick hinaus zu zögern, stellte sie schnell noch eine Frage: „Und was soll ich jetzt als nächstes tun?" „Aus der Wanne steigen", antwortete ihr Gott. Da erst merkte Johanna, daß das Badewasser bereits ganz kalt geworden war, aber sie fror überhaupt nicht. Trotzdem stieg sie gehorsam aus der Wanne aus, gab aber immer noch keine Ruhe: „Darf ich meinem Freund von unserem Gespräch erzählen?" fragte sie. Worauf Gott ihr auftrug, sich zuerst einmal die Haare zu föhnen. Also föhnte sie sich die Haare. Das dauerte eine ganze Weile, sie bekam wieder Boden unter den Füßen, dann zog sie sich auch gleich frische Sachen an und richtete das Bad wieder ordentlich her, um danach endlich zu ihrem Freund zu gehen und ihm dieses Erlebnis mitzuteilen. Da war aber nichts mehr mitzuteilen, denn sie hatte die Einzelheiten des Gesprächs vergessen, und das war wohl auch gut so, denn ihr Freund hätte sie doch nur für verrückt erklärt. Geblieben ist ihr lediglich die Erinnerung an diese unglaubliche göttliche Nähe, ihr Gespräch mit Gott und das Versprechen, daß sie die Liebe finden würde. Von diesem Zeitpunkt an fühlte sich Johanna nie mehr wirklich allein, sondern wie getragen von unsichtbaren Händen und sie empfand ihr Leben als leichter.

Sie lernte, sich selbst zu erkennen, was ihr sehr weiterhalf. Sie lernte aber auch, sich selber zu verzeihen und sich liebevoll in ihrem so-Sein anzunehmen. Und je mehr sie lernte, sich zu lieben und je weiter sich ihr Herz dadurch öffnete, umso fröhlicher und strahlender wurde sie, und sie wurde älter und weiser, ohne daß sie es recht merkte.

V

Die Jahre kamen und gingen und Johanna war inzwischen richtig alt geworden. Wie alt? Sehr alt. Aber sie hatte keine Lust, nachzurechnen, das hatte sie schon vor längerer Zeit aufgegeben. Sie fuhr sich durch ihr Haar, das immer noch überwiegend dunkel war. Nur etwas feiner war es im Laufe der Jahrzehnte geworden, aber das störte sie nicht. Sie setzte sich in ihrem gemütlichen Ohrensessel bequem zurecht und lauschte der Musik, die sie sich in den CD-Player gelegt hatte. „Lauschgold" hieß die CD, Johanna hatte sie vor mindestens 30 Jahren von einer dankbaren Schülerin geschenkt bekommen. Was aus der wohl geworden war?

Auf dem kleinen Tischchen neben dem Sessel stand eine Teekanne auf einem Stövchen, eine schwarze, handgearbeitete Kanne mit der dazu gehörenden Tasse. Sie besaß beides ebenfalls schon mehr als 30 Jahre, es war ihr absolut liebstes Teegeschirr, das sie in der Vergangenheit aber für sich allein nur selten benutzt hatte. Nun wollte sie das ändern. Es wurde Zeit, daß sie es ein wenig ruhiger angehen ließ. Und deshalb holte sie das Teegeschirr jetzt auch hervor, wenn sie mit sich allein war. Es animierte sie so zum Träumen, und immer wieder passierte es, daß sie sich dabei in der Vergangenheit wiederfand. So ging es ihr auch diesmal. Und sie stellte sich wie so oft wieder die Frage: Hatte sie die Liebe, nach der sie so sehr suchte, gefunden?

Ja, ja und nochmals ja. Ja, Johanna hatte die Liebe gefunden. Das war ihr schon lange klar geworden, aber so konkret hatte sie es sich selbst bis jetzt noch nicht eingestanden. Sie hatte sich bis jetzt auch noch nie die Zeit genommen, über sich und ihr Leben richtig nachzudenken. Vor längerer Zeit schon wollte sie ihre Biographie aufschreiben, aber egal, wie sie es auch anfing, es kam immer etwas anderes dabei heraus, als sie eigentlich zum Ausdruck bringen wollte. Es war damals scheinbar noch zu viel von der Vergangenheit unverarbeitet in ihr. Zu stark war damals noch der Wunsch, über ihre leidvolle Ehe voller Verachtung, Mißachtung und Mißhandlung zu schreiben, darüber zu schreiben, daß sie immer nur Beziehungen zu Männern hatte, die entweder auf ihre Kosten gelebt hatten oder sie für eine wesentlich Jüngere verließen, die ihre Fähigkeiten herabsetzten, um selber groß dazustehen. Erst, als sie alle Einzelheiten ihrer Erinnerungen in Licht und Liebe auflöste, und zwar jedes Mal, wenn die Erinnerungen auftauchten, wurde es für sie leichter. Zunehmend erkannte sie dadurch auch ihren eigenen Anteil, denn sie hatte diese Verhaltensweisen sich gegenüber ja zugelassen. Zwar die ersten Jahre ihres Lebens unwissentlich, aber dann mehr und mehr erkennend. Schließlich erkannte Johanna auch ihre eigene Verantwortlichkeit. Und je mehr sie bereit war, Verantwortung für ihr Zulassen, ihr Unterlassen und ihr Veranlassen zu übernehmen, umso mehr schwächten sich die schmerzhaften Erinnerungen ab, bis sie fast ganz verblaßten und schließlich keine Rolle mehr in ihrem Leben spielten.

Dafür erinnerte sich Johanna immer öfter an die vielen schönen Situationen, die es ja auch in ihrem Leben gegeben hatte. Als ihre Kinder geboren wurden und heranwuchsen, war sie sehr glücklich, auch als die Familie ins eigene Haus einzog. Dann später nach der Scheidung, als sie ihren Traumberuf lernte und ganz darin aufging. Bis jetzt. Und sie dachte noch immer nicht ans Aufhören, nur vielleicht daran, sich ein wenig zurückzuziehen. Dieser Nachmittag in ihrem Sessel war ein Anfang.

Inzwischen war der Tee kalt geworden, so daß sie aufstand, um sich einen frischen aufzugießen. Außerdem war es gut, sich die Füße etwas zu vertreten, denn vom langen Sitzen waren die Glieder doch etwas steif geworden. Sie strich sich noch ein Butterbrot und setzte sich wieder zurück an ihr kleines Teetischchen, um weiter Rückschau zu halten.

VI

Johanna hatte sich ja zu einer Zeit selbständig gemacht, als andere langsam daran dachten, sich zur Ruhe zu setzen. Aber sie hatte damals bei sich gedacht, daß fünfzig Jahre noch kein Alter seien und daß sie ohne weiteres noch mindestens dreißig Berufsjahre vor sich haben würde. Und sie hatte Recht. Inzwischen sind sogar über vierzig daraus geworden. Die ersten zehn Jahre waren ziemlich hart, aber sie waren auch überaus erfolgreich, in jeder Hinsicht. Sie erinnerte sich noch gut daran, daß sie sich viele Jahre immer wieder gefragt hatte, was denn die Leute gerade bei ihr suchten, denn sie empfand sich selber als ziemlich unsicher im Auftreten. In dem, was sie tat, war sie sich allerdings immer sehr sicher gewesen. Glücklicherweise änderte sich ihre Sicht der Dinge mit der Zeit. Mit zunehmender Erfahrung wurde sie gefragter, und es kamen immer wieder Menschen zu ihr, die ihre Freundschaft oder auch einfach nur ihre Nähe suchten. Gleichzeitig arbeitete Johanna weiterhin an sich selbst, denn sie hatte die Erfahrung gemacht, daß der beste Weg zur Liebe die Liebe zu sich selbst ist. Und da sie immer noch auf der Suche war, war sie bestrebt, wenigstens damit einige Schritte weiter zu kommen.

Eines Tages, nachdem sie endlich aufgehört hatte zu suchen, begegnete ihr ganz unerwartet doch noch die Liebe. Sie kam einfach zu ihr. Jetzt, da Johanna sich diese Situation wieder ins Gedächtnis rief, durchströmte sie dasselbe überwältigende Glücksgefühl genauso stark wie damals. Immer, wenn sie daran dachte, und sie dachte oft daran, obwohl es bereits mindestens dreißig Jahre her war, empfand sie dasselbe Gefühl. Dieses Gefühl, von der Liebe erfüllt zu sein, hat sie seit damals niemals mehr verlassen.

Damals, als Johanna endlich sich selbst angenommen und akzeptiert hatte, trat ganz unerwartet jemand in ihr Leben mit weit offenem Herzen, ein Mann, der die Liebe, die von ihr ausging, spürte und erwiderte. Bei diesen Erinnerungen kam ihr plötzlich der Gedanke, daß der Auftrag immer lautete, die Liebe zu *finden*. Johanna aber hatte *gesucht*.

Johanna liebte nicht absichtlich, sie liebte einfach aus ihrem Herzen heraus: die Menschen, mit denen sie zu tun hatte und das, was sie tat. Aber nun wurde sie selber ganz bewußt geliebt, und obwohl es ihr nicht direkt gesagt wurde, spürte sie es doch. Anfangs verwirrte es sie, sie konnte es auch erst nicht glauben, zweifelte. Aber um sie herum geschahen Dinge, die sie sich nur mit der Erfahrung der Liebe erklären konnte. Einige Menschen sagten ihr, daß sie sie nur auf Grund ihres Lichtes, das von ihr ausgehen würde, gefunden hätten. Andere suchten verstärkt ihre Freundschaft und betrachteten es als das größte Geschenk, Zeit mit ihr verbringen zu dürfen. Schließlich öffnete sich Johanna dem Geschenk der Liebe und es öffnete sich für sie der Himmel. Sie erlebte voller Staunen, daß das, was sie ausstrahlte, nämlich Licht und Liebe, zu ihr zurückströmte. Und so ist es noch immer. Deshalb kann Johanna heute voller Dankbarkeit auf ein sehr reiches, glückliches, mit Liebe erfülltes Leben zurückblicken.

Von Glück erfüllt, lehnte Johanna sich im Sessel zurück, schloß die Augen und begann zu träumen. In Gedanken ging sie spazieren, als plötzlich vor ihrem inneren Auge ein See voller herrlichster Seerosen in allen Farben auftauchte. Die Seerosen wirkten so lebendig, so bewegt und so spritzig. Neugierig geworden, näherte sie sich dem See soweit, bis sie deutlich erkennen konnte, was die Seerosen so lebendig erscheinen ließ. Und sie erlebte ein Schauspiel der besonderen Art, ein Schauspiel, wie sie noch nie zuvor eines erlebt hatte, ein Schauspiel von unvergleichlicher Schönheit. In jeder Blüte befand sich nämlich ein Lebewesen. Diese Lebewesen erinnerten sie an Blütenelfen und waren gerade so groß wie die Blütenkelche selbst. Die hauchzarten Flattergewänder hatten dieselbe Farbe wie die Blütenblätter. Diese filigranen bunten Blütenwesen hüpften von den Blüten in den See und verschmolzen dabei mit dem Wasser, je tiefer sie eintauchten, bis sie eins mit der Oberfläche – also zu Wasser – geworden waren. Gleichzeitig tauchten aber Tropfen aus dem Wasser auf, die zu Blütenwesen wurden, je mehr sie sich aus dem See erhoben. Sie hüpften in ihre Blüte hinein und das Spiel begann von Neuem. Es war ein beständiges Hineinhüpfen ins Wasser und Vergehen und Auftauchen aus dem Wasser und Werden.

In diesem Moment begriff Johanna, daß sie auch als Mensch unsterblich ist, denn das, was sich ihr da gerade offenbarte, war das Geheimnis allen Lebens:

Eins werden mit dem Ozean des Göttlichen, um aus dem Göttlichen wieder neu geboren zu werden.

Danke, dachte sie, danke für dieses reiche Leben.

Wohlige Wärme

Liebe ist die Wärme des Feuers,
nicht die lodernde Flamme,
nicht das Feuer selbst.
Wenn mich das Feuer verbrennt,
ist es keine Liebe,
denn zurück bleibt Asche.

Liebe ist die Wärme des Wassers,
das von der Glut erhitzt wird,
aber nicht das Wasser selbst.
Wenn das Wasser mich verbrüht,
ist es keine Liebe,
denn zurück bleibt Verletzung.

Liebe ist sanfte Glut,
die das Wasser am Sieden hält,
denn wenn das Wasser überkocht,
erlischt die Glut und
das Wasser verdampft.
Zurück bleibt nur
kalte und nasse Asche.

Liebe ist kein Feuer aus Stroh,
das hoch auflodert ohne zu wärmen,
das in sich zusammenbricht
ohne Glut zu hinterlassen.
Liebe ist wohlige Wärme,
erzeugt von der Glut
eines lebendigen Feuers.

Wiedersehen

Sie gehen einfach alle
ohne Wiederkehr...
Sie
die ein Teil
meines Lebens waren
Ich vermisse sie schmerzlich
Aber der Engel der Hoffnung
tröstet mich und
gibt mir Zuversicht
Ich weiß:
wir sehen uns wieder –
eines Tages . . .
im Licht . . .

Der Verlorene Sohn

Freie Nacherzählung

Es war einmal ein reicher Landesfürst, der hatte zwei Söhne. Diese zwei Söhne hatten die beste Erziehung genossen, die man sich nur denken kann, denn sie wurden von ihrem Vater von ganzem Herzen geliebt. Sie hatten die besten Universitäten im In- und Ausland besucht und waren jederzeit in der Lage, die Geschäfte ihres Vaters zu übernehmen. Nun standen sie dem Vater mit ihrem Wissen zur Seite und waren ihm treu ergeben. Es fehlte ihnen an nichts, und niemandem im ganzen Land ging es besser.

Nach einiger Zeit wurde der jüngere der beiden Söhne unruhig. Er hielt es zu Hause immer schwerer aus. Seine vielen Freunde, die er in seiner Studentenzeit kennen gelernt hatte, riefen immer wieder an oder schrieben ihm Emails und hätten ihn gerne bei ihren Veranstaltungen dabei gehabt. Irgendetwas hatten sie immer geplant, aber er hatte nie Zeit, denn die Geschäfte seines Vaters hatten Vorrang. Seine Freunde hatten so viel Spaß am Leben und konnten ihn überhaupt nicht verstehen. Und er war es schließlich leid, immer nach Entschuldigungen zu suchen, wenn sie feiern wollten und er mal wieder verplant war. Deshalb faßte er eines Tages einen folgenschweren Entschluß. Er ging nämlich zu seinem Vater und forderte ihn auf, ihm sein Erbe bereits jetzt auszuzahlen, da er ab sofort auf eigenen Füßen stehen wolle. Überraschenderweise hatte sein Vater keine Einwände. Er zahlte seinen jüngeren Sohn vollständig aus, erteilte ihm seinen Segen und ließ ihn ziehen.

Nun war der jüngere Sohn endlich frei und seine Freunde empfingen ihn mit offenen Armen. Das war ein Leben! Er taumelte von einer Party zur nächsten und überall war er die Hauptperson. Die Freiheit war noch viel toller, als er sie sich in seinen kühnsten Träumen vorgestellt hatte. Er genoß seine Beliebtheit in vollen Zügen und fühlte sich so frei wie nie zuvor in seinem ganzen Leben. Bis er eines Tages aus allen Wolken fiel, weil seine Kreditkarten eine nach der anderen eingezogen wurden. Das war kein Fehler des Automaten oder ein Versehen der Bank, sondern seine Konten waren erschöpft.

„Macht nichts", dachte er sich, „ich habe ja meine Freunde. Jetzt sind sie mal dran." Aber egal, an wen er sich wandte, entweder war gerade niemand da oder sie drehten ihre Hände um, um ihm zu demonstrieren, daß bei ihnen auch nichts zu holen war. Nun stand er tatsächlich und im wahrsten Sinne des Wortes auf der Straße. Nach Hause in sein Elternhaus, zu seinem Vater, brauchte er gar nicht erst zu gehen, da war er abgemeldet, das hatte er sich selbst zuzuschreiben. Ihm blieb nichts anderes übrig, als sich eine Arbeit zu suchen, also sich zu bewerben. Da er nur beste Zeugnisse vorzuweisen hatte, sah er darin kein Problem und sah sich bereits in großen Firmen in einem Chefsessel sitzen. Aber egal, wo er sich bewarb, immer wurde er mit den fadenscheinigsten Begründungen abgelehnt. Hintenherum erfuhr er dann, daß es den Personalchefs aufgefallen war, daß er die letzten Jahre ganz sicher nicht gearbeitet hatte, denn zu Anfang waren seine

Hände zu weich und seine Anzüge eine Spur zu teuer, später waren die Anzüge abgeschabt und die Hände ungepflegt. Und am Ende sah er einfach nur noch heruntergekommen aus.

Eines Tages schlich er über einen Bauernmarkt, um nach etwas Eßbarem in den Abfällen zu suchen, als ein Bauer ihn ansprach und fragte, ob er nicht seine Schweine hüten wollte. Er versprach ihm, daß er alles essen könne, was die Schweine bekommen, und das wäre ja nicht das Schlechteste, in jedem Fall aber besser als Nichts. Außerdem könnte er mit den Schweinen unter einem Dach hausen, was vor allem im Winter ideal wäre, denn im Schweinestall ist es schließlich immer warm. Was sollte er machen? Hatte er denn eine Wahl? Im Prinzip war er sogar dankbar, und so ging er mit dem Bauern mit und hütete von diesem Tag an dessen Schweine. Er aß mit den Schweinen von ihrem Fressen, hatte im Winter ein Dach über dem Kopf, so daß er nicht zu frieren brauchte und im Sommer ausreichend frische Luft. Und im Übrigen Zeit. Viel Zeit. Reichlich viel Zeit. Zeit zum Nachdenken.

Nachdem bereits etliche Jahreszeiten ins Land gezogen waren, glaubte er, seinen Vater zu hören, der ihn bei seinem Namen rief. Zuerst hielt er das für eine Sinnestäuschung, dann aber hörte er die Stimme seines Vaters lauter und deutlicher als zuvor, und es war unmißverständlich, daß sein Vater ihn rief. „Was kann jetzt noch verkehrt sein"? fragte sich der Sohn. „Ich folge einfach dem Ruf, vielleicht braucht Vater mich ja", und machte sich unverzüglich auf den Weg. Er ließ seine ganze Vergangenheit hinter sich und beschloß, bei seinem

Vater zuerst einmal um Arbeit nachzusuchen, um dann herauszufinden, ob er tatsächlich gerufen worden war.

Von früher her wußte er noch, wo sich die einfachen Arbeiter zu melden hatten, und genau da ging er hin, und zwar gleich morgens nach Sonnenaufgang, denn er wollte der Erste sein, damit er auch ja angenommen würde. Und obwohl er weithin stank, stellte der Verwalter ihn ein und teilte ihm eine angemessene Arbeit für den Tag zu. Da er bereit war, jede Arbeit zu übernehmen, gab es genug für ihn zu tun, und am Abend hatte er bereits die Möglichkeit, sich ausgiebigst zu baden und den Schmutz der Vergangenheit abzuwaschen. Zu seiner großen Überraschung erhielt er neue, sehr gute Gewänder sowie ein ruhiges Zimmer mit einem richtigen Bett, so daß er nach Jahren der Entbehrungen endlich einmal wieder richtig schlafen konnte.

Am nächsten Morgen erschien er wieder wie zuvor gleich nach Sonnenaufgang, um sich eine Arbeit zuteilen zu lassen. Aber der Verwalter nahm ihn beiseite und begleitete ihn zu seinem Vater, der ihn zu seiner großen Überraschung voller Freude und mit offenen Armen empfing und willkommen hieß. Sein Vater hatte ein großes Festmahl ausrichten lassen, um die Heimkehr seines jüngeren Sohnes gebührend zu feiern. Und der jüngere Sohn konnte es nicht fassen. Damit hatte er nicht gerechnet, obwohl er ja wußte, daß sein Vater seine Kinder über alles liebte. Er hatte nicht geglaubt, daß die Liebe seines Vaters so groß sein würde, daß sie ihm die Jahre der Abkehr vom Elternhaus verzeihen würde. Nun konnte er es am eigenen Leib erfahren und das Glück überwältigte ihn.

Sein älterer Bruder hatte mit dieser Reaktion seines Vaters auch nicht gerechnet und aufs Äußerste empört stellte er seinen Vater zur Rede. Er wollte wissen, warum er seinem jüngeren Bruder, der dem Elternhaus vor Jahren den Rücken gekehrt und auch noch das ganze Erbe durchgebracht hatte, warum er ausgerechnet ihm ein solches Fest ausrichtete. Eigentlich hätte doch er, der ältere von ihnen, dieses Fest verdient, denn er wäre doch immer beim Vater geblieben und hätte sich nach seinem Willen gerichtet. „Eben deshalb", antwortete ihm der Vater, „du warst immer in meiner Liebe, dir hat es deshalb auch nie an etwas gemangelt. Dein Bruder hingegen ist weggegangen, weil er glaubte, ohne meine Liebe leben zu können. Im Laufe der Zeit begriff er aber, daß ihm das gar nicht möglich ist. Immer wieder rief ich deinen Bruder, bis er mich schließlich hörte und meinem Ruf folgte. Er hätte mich nicht hören können, wenn er sich nicht zuvor inwendig gereinigt hätte. Mit anderen Worten: Dein Bruder ist gestorben bei lebendigem Leibe, indem er seine Fehler erkannt, sich ihnen gestellt und sie bereut hat. Nun ist er wieder auferstanden in meiner Liebe. Ist das nicht ein Freudenfest wert?"

Lautloses Rufen

Du bist einfach gegangen,
einfach fort,
du hast nichts mehr gesagt,
kein einziges Wort.
Du hast nicht nur verlassen
deine Kinder,
sondern auch verlassen
Mutter, Schwester und Bruder.

Es sind Jahre vergangen,
du hüllst dich in Schweigen,
fühlst du nicht,
wie sie alle leiden?
Dieser Schmerz hat keine Tränen,
er ist vergraben in den Herzen
mit all seinem Sehnen.

Hörst du denn nicht
ihr lautloses Rufen?
Sie rufen dich: Vater!
Sie rufen dich: Bruder!
Sie rufen dich: Sohn!

Damals

Wie fühlt sich's an,
geliebt zu sein,
geliebt zu werden?
Wie fühlt sich Liebe an?

Ist es die himmlische Leichtigkeit,
die Sicherheit, Zufriedenheit?
Das unaussprechliche Gefühl von Geborgensein?
Das unbeschreibbare Gefühl von damals,
als ich noch zu Hause war,
als Kind bei Vater und Mutter,
damals, als es Vater noch gab?

Das Haus war ganz und gar erfüllt
Von lebendger Wärme
Und strahlte für mich weithin ab.
Ich kannte keine Angst.
Denn wie könnten diese Burg oder
ihre Bewohner
eines Tages nicht mehr
für mich da sein?

Sie müssen mich geliebt haben,
Vater und Mutter,
mich, ihr Kind.
Woher sonst kennte ich
dieses Gefühl
das es bis jetzt nur damals gab,
dieses Gefühl
von Sicherheit und Wärme
und von Geborgensein?
Woher sonst habe ich
das sichere Wissen,
geliebt zu sein?

Ja,
jetzt weiß ich es:
ihr, Vater und Mutter,
beide habt ihr mich geliebt,
auf eure Weise,
auch ohne Zärtlichkeit.
Und daß ich heute dies Gefühl
als Liebe wiedererkennen kann,
dafür,
Vater und Mutter,
dafür danke ich euch.

Gesichter

Ich sitze auf dem Bahnsteig und
sehe in den Gesichtern
Mama.
Ich bin auf dem Heimweg und
sehe in den Gesichtern
Papa.
Ich gehe durch die Stadt und
sehe in den Gesichtern
Maria oder Elli
oder Heidi oder Toni
oder Resi oder Achim.
Ich sehe nicht, ob es
dünne oder dicke,
große oder kleine,
alte oder junge,
hübsche oder häßliche
Menschen sind.
Ich sehe nur
das immer noch Vertraute,
das immer noch Geliebte
in all den fremden Gesichtern,
und diese fremden Menschen
sind mir auf einmal nah.
In ihnen leben sie fort,
die Menschen aus einer Familie,
die einen Lebensabschnitt lang
auch meine Familie war.

Zu Hause

Wo ist Zuhause?
Dort, wo ich geboren wurde?
Dort, wo ich aufgewachsen bin?
In meiner Heimat?
In dir
den ich liebe?
Oder einfach nur in mir?
Zuhause ist Liebe
die Liebe
in mir
zu dir
von dir
zu mir.
In mir ist mein Zuhause
wo immer meine Heimat
auch gewesen sein mag
wo immer du
gerade bist.
Ich bin in mir
zu Hause
weil ich mich
geliebt fühle
und liebe
weil ich zu Hause bin
zu Hause
in mir.

Heimat

Zu Hause zu sein
dieses starke
satte Gefühl
ist unabhängig
von dem Ort
unabhängig von den Menschen.
Zu Hause zu sein
ist
ein anderes Wort
für
Liebe
für
in der Liebe sein.
Es ist die
aufrichtigste und tiefste
Liebe der Eltern
ihren Kindern
die Heimat
das Zuhause
in sich selbst
zu geben.
Auch wenn die Kinder
es nicht wissen.
Sie leben es
indem sie selber
Heimat sind.

Die Vertreibung aus dem Paradies
oder
Der Baum der Erkenntnis

Es war ein Tag im Garten Eden wie immer. Die Sonne schien, der Himmel war weiß-blau, es wehte ein laues Lüftchen, Bienen summten unermüdlich und Schmetterlinge flatterten von einer der üppigen Blüten zur nächsten, die Wespen hatten ausreichend Nahrung und flogen unbeachtet mit den Bienen um die Wette. Mücken tanzten und brachten ihre Lebenslust zum Ausdruck ganz und gar ohne zu stechen. Irgendwo weiter entfernt lagerten Löwen im Gras und sahen interessiert den jungen Gazellen zu, die graziös durch die Gegend sprangen. Vögel, riesig groß bis winzig klein in allen nur erdenklichen Farben und Gestalten flogen durch die Luft, daß es für uns heutige Menschen eine Pracht gewesen wäre, dies anzuschauen. Es gab hier Tiere ohne Zahl, die sich den Garten Eden einträchtig miteinander teilten. Sie lebten von den Früchten der Pflanzen, Bäume und Felder, denn es war mehr als genug von allem vorhanden. Und es lebte ein Menschenpaar im Garten Eden, Adam und Eva. Sie lebten immer schon dort, sozusagen von Anfang an, aber sie wußten nicht, wann „von Anfang an" war, denn das hatte ihnen niemand gesagt. Sie spielten mit den Tieren, wenn sie Lust dazu hatten oder wenn ihnen die Tiere Lust dazu bedeuteten, aßen von den Früchten des Feldes, der Bäume und Pflanzen, wenn sie Hunger oder Appetit hatten und waren im Übrigen sich selbst genug, denn sie fühlten sich geliebt.

Eines Tages lustwandelten Adam und Eva durch ihren Garten, der keinen Anfang und kein Ende hatte, als sie unvermutet eine ihnen unbekannte Stimme vernahmen. Sie blieben stehen, um genau hinzuhören, denn vielleicht hatten sie sich ja auch nur getäuscht. Nein, sie hatten sich nicht getäuscht, denn die Stimme wurde nun ganz deutlich und kam von unten. Eva ging in die Hocke, um der Stimme näher zu sein und bemerkte eine Schlange, die sich unter den Sträuchern ringelte. Es war eine große, in prachtvollen Farben schillernde Schlange, die Eva an die Regenbögen über dem Garten erinnerte, und sie sprach Eva direkt an. Damals im Garten Eden konnten Adam und Eva mit allen Tieren sprechen, sie verstanden die Sprache der Tiere und diese verstanden die Sprache der Menschen. Und so konnte Eva sofort die Sprache dieser Schlange verstehen. Sie hockte sich zu ihr auf den Boden, um ihr näher zu sein, und die Schlange begann ein bedeutungsvolles Gespräch mit Eva. Ob es ihnen nicht langweilig wäre in diesem Garten, von dem sie noch nicht einmal wüßten, wo er beginnt, geschweige denn, wo er endet, wollte sie wissen. Es würde doch überhaupt nichts Außergewöhnliches passieren, immer nur lustwandeln, mit den Tieren spielen, mit sich selbst spielen, schlafen, wenn sie müde sind, essen, wenn sie hungrig sind, trinken, wenn sie durstig sind und über nichts nachdenken. Meinten sie wirklich nicht, daß es da noch etwas anderes geben würde, etwas, das ihrem Leben einen Sinn geben würde? „Sinn?" fragte Eva zurück, „was ist das denn?" „Nun ja", gab die Schlange zur Antwort, „Sinn ist, wenn du weißt, warum du etwas tust, zum

Beispiel, warum ihr beide hier in diesem Garten spazieren geht oder warum ihr mit den Tieren redet oder mit ihnen spielt oder warum sie euch nichts tun." „Was sollten sie uns denn tun?" wollte Eva wissen, nun neugierig geworden. „Nun, die Mücken könnten euch stechen oder die Löwen euch fressen wollen." „Warum sollten sie das denn tun?"

Die Schlange ignorierte den Einwand einfach und ging zur nächsten Frage über: „Habt ihr schon mal darüber nachgedacht, wer dies alles so gemacht hat? Wer für euch sorgt? Überhaupt, wer euch erschaffen hat?" „Erschaffen hat? Das habe ich ja noch nie gehört. Was bedeutet das denn?" „Na, aus dem Nichts kann doch nichts kommen, also muß jemand dies alles, euch eingeschlossen, erschaffen haben, jemand, der mehr kann als ihr und wir, oder?" Die Schlange räkelte sich wohlig ob ihrer Schlauheit im weichen Gras, legte ihren Kopf auf die Seite und sah Eva von unten herauf mit einem Auge an. Sie sah, wie Eva angestrengt nachdachte und setzte gleich noch eine Frage nach: „Was könnt ihr beiden eigentlich?" Inzwischen leicht verunsichert fragte Eva zurück: „Sollten wir denn etwas können?"

„Also", setzte die Schlange zu einer folgenschweren Erklärung an, „ich finde schon, daß ihr etwas können solltet. Schließlich seid ihr die Geschöpfe Gottes, der euch liebt, und als Geschöpfe eines liebenden Gottes habt ihr das Recht, alles das zu können, was Gott auch kann." Darüber hatte Eva noch nie nachgedacht und Adam ganz sicher auch nicht, sie mußte es ihm unbedingt gleich erzählen. Aber als sie sich erheben wollte, glitt die Schlange geschmeidig um

Eva herum und wickelte sie dadurch ein, hob ihren Oberkörper in die Höhe, so, daß sie Eva direkt in die Augen sehen konnte und beschwor sie im Flüsterton, noch einen Augenblick bei ihr zu bleiben und ihr noch zu Ende zuzuhören. Und willig gehorchte Eva.

„Du hast also noch nie etwas von Gott oder vom Schöpfer oder von einer Schöpfung gehört, oder? Du brauchst nicht zu antworten, ich weiß es auch so. Ich will dir nun ein großes Geheimnis verraten: Es gibt ein Wesen, das über uns allen steht, das alles kann und dem alles gehorcht, bedingungslos. Dieses Wesen bezeichnen wir als Gott. Nur wenn Gott es will, scheint die Sonne, regnet es, kann alles, was ist, existieren. Gott läßt die Winde wehen, die Sterne ihre Bahn am Himmel ziehen, den Mond auf- und untergehen, die Blumen duften und die Pflanzen Früchte tragen. Kein Tier könnte existieren ohne Gottes Wirken, und Gott hat auch Adam und aus Adam dich erschaffen. Und das ist noch nicht einmal alles, denn Gott kann noch viel mehr. Und da ihr ebenso wie wir und alles, was existiert, Geschöpfe Gottes seid, solltet ihr auch können, was Gott kann." Dabei verschwieg die Schlange wohlweislich, daß sie selbst es auch nicht konnte. Aber das registrierte Eva nicht, die gebannt den Ausführungen ihrer selbsternannten Lehrerin lauschte. Jetzt hätte sie gerne mehr erfahren, aber die Schlange, schlau, wie sie nun mal war, erkannte ihre Chance und trug Eva auf, Adam gegenüber ja nichts über dieses Gespräch verlauten zu lassen und versprach ihr, morgen an eben dieser Stelle auf sie zu warten, um ihr zu sagen, was sie tun müsse, um die Fähigkeiten Gottes zu erlangen. Und dann glitt sie, ohne sich weiter um Eva zu kümmern, wieder zurück in das Dickicht.

Adam war inzwischen weiter gegangen, aber es war für beide keine Schwierigkeit, sich wieder zu finden, und nachdem sie sich herzlich wie jedes Mal begrüßt hatten, entschloß sich Eva, Adam gerade so viel von ihrem Gespräch mit der Schlange zu erzählen, wie sie meinte, es eben noch vertreten zu können. Natürlich war Eva nicht so wortgewandt wie die Schlange, aber immerhin machte sie Adam neugierig. Und zum ersten Mal seit ihrer Existenz schliefen beide unruhig.

Gleich am anderen Morgen machte sich Eva auf, um die Schlange in ihrem Versteck aufzusuchen. Die Schlange hatte Wort gehalten und erwartete Eva bereits. Mit: „Na, hast du es dir überlegt, ob du sein willst wie Gott?" begrüßte sie Eva, die zwar neugierig, aber immer noch unschlüssig war. Eigentlich wollte sie nichts erschaffen, es war ja alles gut so, wie es war. Andererseits könnte da vielleicht noch etwas sein, von dem sie nichts wußte und von dem sie dann aber wissen würde, was es ist. Und das würde sie natürlich schon gerne wissen wollen. Genau, das war es: sie wollte wissen! Die Schlange in ihrer Schlauheit hatte das schon bei ihrer ersten Begegnung erkannt und konnte nun mit ihrem größten Trumpf aufwarten. „Wenn du bist wie Gott, dann erkennst du Gut und Böse und kannst beides voneinander unterscheiden ..." „Gut und Böse? Was ist das denn?" „Das kann ich dir nicht erklären, denn du hast bis jetzt noch keine Wahrnehmung dafür. Aber wenn du tust, was ich dir sage, dann kannst du es erkennen, und dann bist du wie Gott."

Nun war Evas Neugier richtig geweckt und sie bestürmte die Schlange mit Fragen, worauf diese nur gewartet hatte. „Also, ihr dürft doch von allem essen, was hier so wächst, oder?" fragte sie listig. „Ja, schon." antwortete Eva. „Aber gibt es da nicht einen Baum, von dem ihr nicht essen dürft?" „Ach so, den ..." gab Eva gedehnt zur Antwort, „Die Früchte schmecken ja gar nicht. Sie sehen doch nur aus wie Äpfel, sind aber ganz bitter, oder...?" „Nun ja, es kommt ganz darauf an, wie du das siehst, die Wahrheit kann schon mal bitter sein. Aber du möchtest doch die Wahrheit erfahren, oder?" „Ja, ja", beeilte sich Eva zu antworten und rückte unwillkürlich näher an die Schlange heran, die sich jetzt wieder um sie herum wand.

„Also, was ist mit diesem Baum?" wollte Eva nun wissen. Wieder erhob die Schlange ihren Oberkörper, bis sie auf Augenhöhe mit Eva war und verriet ihr im Flüsterton: „Dieser Baum ist der Baum der Erkenntnis des Guten und des Bösen. Wenn du davon ißt, wirst du sein wie Gott." Dabei schaute sie Eva durchdringend in die Augen und wartete, bis sich diese Aussage in ihr gesetzt hatte. Sie konnte sehen, wie es in Eva arbeitete. Schließlich sagte Eva: „Ja, ich will!" Und nach einer Weile: „Aber Adam soll auch davon essen." „Meinetwegen", war alles, was die Schlange darauf erwiderte, dann löste sie ihre Umschlingung um Eva, die das gar nicht bemerkt hatte und glitt ihr voraus zu dem Baum mit den bitteren Apfel-ähnlichen Früchten. „Hier", wies sie Eva an, „du brauchst nur einen einzigen zu essen, und danach weißt du alles."

Noch stand Eva unschlüssig unter dem Baum, denn die Bitterkeit der Früchte ließ sie zögern. Inzwischen war Adam ihr gefolgt, und er hatte dieselbe Abneigung. Die Schlange hatte sich unsichtbar ins Dickicht verzogen, zischelte aber aus sicherem Versteck: „Eva, du willst doch wissen, oder? Du willst doch sein wie Gott, oder? Du willst doch wissen, was gut und böse ist, oder?" Und schließlich war Evas Widerstand gebrochen, die Neugier hatte gesiegt, sie brach sich eine Frucht vom Baum, biß hinein und reichte sie Adam, der ebenfalls hineinbiß. Sie schmeckten die entsetzliche Bitterkeit, und sie wurden sich plötzlich der unendlichen Süße bewußt, die ihr ganzes bisheriges Leben ausgemacht hatte. Und ebenso plötzlich erkannten sie, daß sie die Süße deshalb jetzt wahrnehmen und schätzen konnten, weil sie nun auch die Bitterkeit kannten.

Spiel des Lebens

Wir spielten unterschiedliche Rollen
im Spiel des Lebens.
Du spieltest die Bedürftige,
das Opfer des Schicksals,
die Fordernde und
die Undankbare.
Du beugtest dich deiner Rolle
bis hin zur Selbst - Aufgabe.
Dann tratest du ab
Von der Bühne des Lebens.
Eigentlich zu früh,
aber du hattest genug
vom Spiel.
Nun wurde es Zeit,
wieder Du selbst zu sein.
Und du erlaubtest mir,
dich selbst zu sehen.
Ich sah dich stark und aufrecht
dein Gesicht ausdrucksstark und
strahlend schön.
Ich konnte sehen,
daß du dich geliebt fühlst,
geliebt nicht nur von mir.
Danke Schwester
für diesen Augen-Blick.

Metamorphose
I

August war ein Mann in den besten Jahren, den man als gut aussehend hätte bezeichnen können, wenn er nicht so unattraktiv gewesen wäre. Irgendwie erinnerte er an einen braven Großen Jungen, was in krassem Gegensatz zu seinem eigentlich männlichen Typus stand. Er war Sexualforscher, weil dieses Gebiet ihn immer schon interessiert hatte. Allerdings war sein Interesse rein wissenschaftlicher Natur, denn eigene Erfahrungen und damit praktische Vergleichsmöglichkeiten für seine Studien gab es für ihn nicht. Er hatte auch so genug zu tun mit den vergleichenden Studien der Forschungsergebnisse seiner Kollegen, die bereits vor ihm schon aktiv gewesen waren.

Eines schönen Tages hatte August Post mit einem ihm unbekannten Absender in seinem Briefkasten. Der Brief sah amtlich aus, und tatsächlich war er es auch, jedenfalls beinahe. Es war die offizielle Benachrichtigung einer Lotteriegesellschaft, daß er eine relativ große Summe Geld gewonnen hätte. Gewissenhaft erledigte er alle Formalitäten, denn es könnte ja sein, daß es stimmte. Und einfach so herschenken wollte er das Geld denn auch nicht. Dann dauerte es noch mal ein paar Tage und August hielt einen Scheck in der Hand, der genauso hoch ausgestellt war, wie es in der Benachrichtigung gestanden hatte. Und es war wirklich viel!

Dieser Scheck eröffnete August ungeahnte Möglichkeiten. Alle seine Wünsche und Träume gingen ihm durch den Kopf. Als penibler Wissenschaftler ging er alles genauestens durch, verwarf aber doch das meiste davon, weil es eigentlich gar nicht so wichtig war. Schließlich blieb nur noch ein Wusch übrig, der ein echter Herzenswunsch von ihm war, und den wollte er so schnell wie möglich in die Tat umsetzen.

Seit seiner Kindheit träumte er nämlich schon von einem Motorrad, aber aus unerfindlichen Gründen hatte er sich diesen Wunsch nie erfüllt. Und das, obwohl seine Mutter ihm den Führerschein Klasse 3 zum Abitur spendiert und er heimlich den Einser gleich mitgemacht hatte. In späteren Jahren dachte er dann, vielleicht wäre ja ein Cabrio angemessener. Aber auch diesen Wunsch setzte er nie in die Tat um. Dabei lag es nicht am Geld. Aber nun fand er vor sich selber plötzlich keine Ausrede mehr, und so machte er sich auf den Weg, um herauszufinden, was er wirklich wollte.

Zuerst begab er sich in ein Spezialautohaus für Cabrios. Er kannte es aus der Rundfunkwerbung, und da die Werbung immer im Zusammenhang mit Klassischer Musik gesendet wurde, mußte es sich ja wohl um ein seriöses Autohaus handeln. Das Angebot war tatsächlich auch überwältigend. August sah sich jedes Cabrio genauestens von vorne und hinten an, von innen und außen, setzte sich hinters Steuer, betastete das kleine und handliche Sportlenkrad, spielte mit dem Steuerknüppel, der sich geschmeidig in seine Hand schmiegte, öffnete das Verdeck und schloß es wieder und kam sich bei alledem komisch vor. War es wirklich das, was er wollte? Unschlüssig verließ er das Autohaus wieder und schlenderte in Gedanken versunken die Straßen entlang, um unverhofft vor einem Haus mit Motorradkleidung stehen zu bleiben. Er besah sich die Auslage und beschloß, hinein zu gehen. Er könnte ja mal einige Anzüge anprobieren, einfach so, um zu sehen, wie es sich anfühlt. Das bedeutet schließlich nichts und verpflichtet auch zu gar nichts.

Betont lässig betrat August also das Geschäft und sah sich um. Weit und breit war kein Verkäufer zu sehen, so daß er sich allein zurechtfinden mußte. Nachdem er halbherzig das eine und andere Teil herausgezogen und wieder zurückgehängt hatte, stieß er plötzlich auf einen herrlichen Motorradanzug aus schwarzem Leder. Den hatte er gesucht, ohne es zu wissen. Er begab sich in eine der Kabinen, um sich umzuziehen und vollzog dabei eine Verwandlung, die an Zauberei grenzte. Aus der Kabine trat ein neuer Mann. August stand seinem Spiegelbild gegenüber und war sich erst einmal fremd. Aber er gefiel sich. Er fand sich sehr aufregend. Er fühlte, wie es in seinem Körper zu pulsieren begann und zu strömen. Als wollte etwas in ihm lebendig werden, das lange geschlafen hatte. Er fühlte sich wie ein Reiter vor dem Ausritt, dessen Hengst bereits unruhig mit den Hufen scharrt. Deshalb behielt er den Anzug gleich an, beglich seine Rechnung, ließ sich nur seinen Mantel einpacken und verließ als neuer Mann den Laden.

Jetzt gab es für August überhaupt keinen Zweifel mehr, daß er sich ein Motorrad kaufen würde. Also machte er sich auf den Weg. Das Geschäft war ihm vertraut, allzu oft hatte er schon vor dem Schaufenster gestanden, um letzten Endes eben doch nicht hinein zu gehen. Aber diesmal war es anders.

Alles war anders. Und entschlossen betrat er den Ausstellungsraum. Da brauchte er nicht lange zu suchen und zu probieren und zu überprüfen, denn sein Motorrad stand bereits da, es war das Prachtstück des Geschäftes und seit langem sein heimlicher Traum. Ein Schauer nach dem anderen durchströmte ihn, als er seine Maschine bestieg, es war, als wenn er Achterbahn fahren würde, zumindest hatte er es sich immer so vorgestellt, denn tatsächlich war er noch nie Achterbahn gefahren. Auf eine Probefahrt verzichtete August, denn er wollte jetzt keine unnötige Zeit mehr verlieren. Also bezahlte er das Motorrad sofort und natürlich bar, den Helm bekam er dazu, und fuhr beglückt los. Ein neuer Mann brauste in eine ihm bis jetzt unbekannte Welt.

VEMAR
VEMAR

II

Das Motorradfahren hat schon was. August gingen die Worte aus, mit denen er das Gefühl der Freiheit hätte beschreiben können. In jedem Fall war es gigantisch. Die Stadt hatte er schon längst hinter sich gelassen, er drosselte den Motor etwas, um mehr von der Umgebung aufzunehmen. Sie war ihm fremd, obwohl er doch hier aufgewachsen war. War er wirklich nie herausgekommen? Hatte er wirklich nie die Stadt verlassen? Genau genommen nie sein Elternhaus? Durfte er denn überhaupt so weit fahren? Ja, durfte er überhaupt Motorrad fahren?

Da vorne kam ein Parkplatz in Sicht, den er anfuhr. Eben noch war er fast wie im Schlaf gefahren und ganz plötzlich wurde er unsicher. Ihm zitterten die Knie, als er endlich wieder Boden unter den Füßen hatte. Sein Atem ging kurz und flach, der Puls raste und er begann zu schwitzen. August schob mit letzter Kraft das Motorrad an den Randstein, zog den Zündschlüssel ab, ging die wenigen Schritte in den nahen Wald, nahm den Helm ab und öffnete den Reißverschluss seines schwarzen Ledermotorradanzugs. Tief sog er die Waldluft in seine Lungen, aber ruhiger wurde er nicht. Wie sollte er je wieder nach Hause kommen, fragte er sich, er konnte doch gar nicht Motorrad fahren. Wie war er überhaupt hierhergekommen? In diesem Aufzug? Mein Gott, was machte er hier bloß?

In dem Versuch, Klarheit in seine Gedanken zu bringen, ging er langsam, Schritt für Schritt, zurück auf den Parkplatz, setzte sich auf die Bank, die seinem Motorrad am nächsten war, starrte es an und ließ seinen Gedanken freien Lauf. Und plötzlich kamen Erinnerungen hoch.

Sein Vater fiel ihm ein, der für ihn nie ein Vater gewesen war, der nur zum Essen und Schlafen nach Hause gekommen war und anzügliche Bemerkungen zur Mutter und über sie gemacht hatte. Über seine arme Mutter, die immer so unter dem Vater gelitten hatte. Bei August hat sie sich ausgeweint, bei August, ihrem großen Jungen. Natürlich konnte August sie nicht enttäuschen, wo sie doch sonst niemanden hatte. August war ihr Ein und Alles, und für Mama verzichtete August auf sein eigenes, auf sein echtes Leben. Das war er ihr einfach schuldig. Ach ja, er führte ein entsagungsreiches Leben. Jetzt fragte er sich überrascht, wofür eigentlich? Und für wen? Für Mama? Natürlich für Mama, sie brauchte ihn doch.

Er hätte auch schon längst verheiratet sein können, aber sie hat Mama nicht gefallen. Nein, das hat Mama natürlich nie so gesagt, aber immer bekam Mama Migräne, kaum daß seine Zukünftige im Haus war. Schließlich trennten sie sich in gegenseitigem Einvernehmen. Mama hatte komischerweise nie mehr Migräne. Ja, komisch. Und obwohl Mama genau weiß, daß ihm Cremeschnittchen zuwider sind, bringt sie ihm immer wieder welche vorbei. Und überhaupt, diese ewige Herumschnüffelei in seinen Sachen, wenn er nicht zu Hause ist. Ach du je, die ist bestimmt gerade jetzt in seiner Wohnung und zieht alle Schubladen auf, um ihm wieder hinterher zu spionieren. Dabei soll sie von seinem Gewinn doch gar nichts wissen!

Seine Niedergeschlagenheit und Unsicherheit schlug so plötzlich, wie sie gekommen war, um in Wut. In Wut auf seine Mutter, die ihn um sein ganzes bisheriges Leben betrogen hatte. Bis jetzt hatte er es widerspruchslos mitgemacht, aber nun wollte er es sich nicht mehr gefallen lassen.

August zog energisch den Reißverschluß seines schwarzen Lederanzuges hoch, setzte den Helm auf, bestieg, ohne darüber nachzudenken, sein Motorrad und fuhr, so schnell er durfte, nach Haus. Er hatte vollkommen vergessen, daß er eben noch überzeugt davon war, gar nicht Motorrad fahren zu können. Die Wut war inzwischen gedämpft und andere Gefühle kamen hinzu. Es wurde Zeit, daß er nach Hause kam.

Wie er tatsächlich nach Haus gekommen war, hätte er nachher nicht mehr sagen können. Jedenfalls fand er die erwarteten Spuren seiner Mutter, was ihn darin bestärkte, sofort etwas zu ändern. Etwas? Nein, ALLES! Sein „Schlaf" hatte lange genug gedauert, und es wurde höchste Zeit, daß er endlich aufwachte.

August zog seinen schwarzen Lederanzug aus, der ihm tatsächlich paßte wie eine zweite Haut. Er hängte ihn auf einen Bügel an seinen Kleiderschrank, betrachtete das Prachtstück und nahm es beglückt in sich auf, trat dann vor den großen Standspiegel und betrachtete sich selbst. Wann hatte er das zum letzten Mal gemacht? Eigentlich schaute er jeden Morgen in den Spiegel, um zu prüfen, ob er ordentlich angezogen war: ob die Krawatte zum Hemd paßte, die Hose pikobello saß, das Hemd makellos gebügelt war und das Jackett passend gewählt. An seinem Gesicht interessierte ihn eigentlich immer nur sein Bart, der tatsächlich gar nicht existierte, denn er war immer glatt rasiert wie ein Kinderpopo; zum Rasieren benötigte er tagtäglich die meiste Zeit, denn Mama vertrug keine Bartstoppeln. Natürlich war er auch immer einwandfrei frisiert, ein Haar lag sauber neben dem anderen. Alles in Allem ein makelloses Äußeres. Mama konnte sich nie beschweren.

Ja, aber wann hatte er sich das letzte Mal so ganz und gar und schonungslos betrachtet? Also, genau genommen überhaupt noch nicht, sondern immer nur partiell. Aber nun stand er vor seinem Spiegelbild, sah sich im Ganzen an, von oben bis unten, und dieser Gesamteindruck schockierte ihn. Vielleicht hätte er sich schon mal früher so anschauen sollen. Aber die Idee war ihm einfach nie gekommen. Jetzt stand er einem Mann gegenüber, der sich ihm geschniegelt und gebügelt, etwas fett mit einem glatten, nichtssagenden Gesicht präsentierte. Das war er? August, der Sexualforscher? Er sah hinüber zu seinem Traum von einem Motorradanzug und wieder zurück zu seinem Spiegelbild. Von dem Anzug ging etwas Magisches aus, sein wahres Selbst hing dort am Kleiderschrank, und vor dem Spiegel stand ein nichtssagender unpersönlicher Mann mittleren Alters. Schonungslos gestand er sich die Wahrheit ein. Und schonungslos begann er, sich vor dem Spiegel zu entkleiden.

Zuerst löste er seine Krawatte und ließ sie einfach auf den Fußboden fallen, dann öffnete er Knopf für Knopf seines Oberhemdes, zog es von den Armen und ließ es zur Krawatte fallen. Das Unterhemd warf er dazu. Seinen nun nackten Oberkörper betrachtend öffnete er seinen Gürtel und den Hosenbund, zog den Reißverschluß auf und ließ die Hose die Beine hinunter rutschen, um einfach auszusteigen und sie mit einem Fuß von sich zu schieben. Er zog auch noch seine Unterhose aus, die ihn jetzt an eine abgeschnittene Schlafhose erinnerte (das war ihm vorher nie aufgefallen), streifte die Socken von den Füßen und sah sich bewußt zum ersten Mal ganz nackt.

Na ja, er sah halt aus wie ein Mann, das schon, aber ohne jegliche Spannung. Die Haut war weiß, denn Sonne, hatte Mama immer gesagt, schadet der Haut und verursacht Krebs. Das Gewebe wirkte schwammig, denn als Forscher, auch in seiner Sparte als Sexualforscher, war er „Schreibtischtäter". Ein Sportstudio hatte er noch nie von innen gesehen. „Ih", hatte Mama immer gesagt, „da stinkt es so von den verschwitzten Leibern. Ordentliche Leute gehen da nicht hin, das sind ganz bestimmte Typen, die so was machen". Und da August so ein ganz bestimmter Typ nicht war, ging er eben auch nicht hin. Jetzt aber beschloß er, sich über alle Ratschläge von Mama hinweg zu setzen und endlich etwas für sich zu tun. Und zwar gleich morgen schon. Und beim Einschlafen kam ihm plötzlich die ketzerische Frage in den Sinn, woher Mama das denn alles so genau wußte.

In dieser Nacht schlief August seit unendlich langer Zeit tief und traumlos. Er stand auch nicht sofort auf wie sonst immer, sondern blieb noch im Bett liegen, um dieses wohlige Gefühl ganz auszukosten.

Außerdem wollte er nachdenken. Der gestrige Tag war ihm mit all seinen Ereignissen präsent, und mit einer gewissen Fassungslosigkeit betrachtete er seine plötzliche Hilflosigkeit und Panik auf dem Parkplatz. Ekel stieg in ihm auf, als er die Macht seiner Mutter erkannte. Ihm wurde übel und alle Cremeschnittchen der Vergangenheit kamen ihm auf ein Mal hoch, die er schließlich erbrach. Je leichter ihm dadurch im Magen wurde, umso klarer wurde es in seinem Kopf. Er faßte Beschlüsse, die er im Augenblick noch gar nicht in Worten ausdrücken konnte, aber mit der ersten entschlossenen Handlung setzte er eine ganze Kaskade von Folgen in Gang.

Zuerst einmal duschte er ausgiebig und mit Genuß, danach kleidete er sich sorgfältig an, indem er sich für die einzige Jeans entschied, die er sich mal in einem Anfall von Alternativität gekauft, aber nie angezogen hatte. Er besaß sogar ein passendes T-Shirt, Turnschuhe mußte er sich allerdings erst noch besorgen. Im Spiegel besah er sich diesmal von oben bis unten, und was er da sah, stellte ihn relativ zufrieden. Noch nicht einmal der dunkle Hauch seines Bartes störte ihn, denn er hatte sich heute Morgen zum ersten Mal, seit ihm ansatzweise ein Bart sproß, nicht rasiert.

August hatte beschlossen, heute, vielleicht auch noch die nächsten Tage oder Wochen Urlaub zu machen. Er hatte also Zeit und begab sich in die Stadt, kaufte sich zu allererst die passenden Turnschuhe zu seinen Jeans, denn auch, wenn er jetzt alles nach seinen eigenen Vorstellungen machen wollte, erlaubte er sich doch keine Stilbrüche. Nun fühlte er sich soweit gerüstet, daß er bedenkenlos in eines der In-Cafes gehen konnte, um ausgiebig und mit Genuß zu frühstücken. Dabei legte er in Gedanken seine weitere Vorgehensweise fest. Und konsequent, wie er nun mal war, setzte er auch alles Schritt für Schritt in die Tat um.

Zu allererst beauftragte August einen Schlüsseldienst, der für ihn das Wohnungsschloß auswechselte. Mama blieb ab sofort draußen. Als nächstes informierte er sich im Internet über die Fitness-Studios der Stadt, und nachdem er sich für eins entschieden hatte, meldete er sich auch sofort an. Er kleidete sich ein und nahm noch am selben Tag die erste Stunde. Glücklicherweise wurde er vor Beginn von einem Sportarzt auf Herz und Nieren geprüft, woraufhin er einen eigens für ihn zusammengestellten Trainingsplan bekam, denn er selber hätte sich nämlich gründlich überfordert und dann möglicherweise schon bald das Handtuch „geschmissen". So war sein Durchhalten gewährleistet.

Im Laufe der Woche vervollständigte August seine neue Garderobe und gab die meisten alten Sachen in die Kleidersammlung, ging zum Friseur – übrigens zu einem neuen, denn sein Stammfriseur hätte vor lauter Besorgnis seine Mutter verständigt – und ließ sich die Haare zu einer praktischen Windstoßfrisur schneiden. Und zwischendurch unternahm er immer wieder Spritztouren mit seinem Motorrad.

III

Nun hätte alles schön nach Plan weitergehen können, wenn Mama nicht gewesen wäre. Denn Mama nervte. Mama hatte früher auch schon immer genervt, aber da war es August nicht so aufgefallen. Er hatte sich angepaßt und ihre Übergriffe stoisch erduldet. Aber jetzt ertrug er sie nicht mehr. Da er es aber nicht gewohnt war, Mama zu belügen, erfand er Ausreden, um sie sich vom Leib zu halten. Warum ihr Schlüssel nicht mehr paßt, wollte sie wissen. Er erklärte ihr, daß sein Schlüssel im Schloß abgebrochen sei, so daß er das Schloß auswechseln lassen mußte. Warum sie keinen neuen Schlüssel bekäme? Weil er es vergessen hätte. Schließlich ließ er nur noch seinen Anrufbeantworter laufen, um weitere Gespräche mit Mama von vornherein zu verhindern.

Aber so konnte es nicht ewig weitergehen. Noch war er nicht bereit und in der Lage, sich Mama zu stellen, also beschloß er, eine Reise zu unternehmen. Seit Jahren hatte er keinen Urlaub mehr gemacht, denn er hatte keine Lust mehr gehabt, auf Reisen immer Mamas Aushängeschild zu sein, und eine passende Ausrede war ihm nicht eingefallen. Nun brauchte August sich nicht mehr zu rechtfertigen, er war eben nicht mehr da, so einfach war das.

August kaufte sich Gepäcktaschen für sein Motorrad, packte nur die notwendigsten Sachen ein, versorgte und verschloß seine Wohnung (Blumen hatte er keine) und fuhr los. Von unterwegs schrieb er Mama noch eine Karte, auf der er ihr mitteilte, daß er auf dem Weg in sein eigenes Leben sei und sich wieder melden würde, wenn er angekommen wäre. Danach erst fühlte er sich richtig frei und konnte die Fahrt endlich in vollen Zügen genießen.

August war schon ein paar Tage unterwegs und bereits ziemlich weit gekommen, als er sich entschied, für einige Tage Rast zu machen. Er suchte sich eine freundliche Pension, brachte seine wenigen Sachen ins Zimmer, zog den Motorradanzug aus und leichte Sachen an, legte sich aufs Bett, um noch ein wenig zu ruhen, schlief tatsächlich aber zwei Stunden, stand erfrischt auf und unternahm einen Spaziergang aus dem Ort hinaus. Er wollte nachdenken. Während der Fahrt hatte er immer wieder gedacht, daß sein bisheriger Vorname August gar nicht mehr zu ihm passen würde. Schon in der Schule hatten sie ihn immer „Dummer August" genannt, nicht, weil er dumm war, sondern weil Dumm so gut zu August paßte. Und jetzt wollte er diese Vergangenheit auch noch hinter sich lassen. Da er mehrere Taufnamen besaß, entschied er sich für seinen zweiten, nämlich Felix, dieser schien ihm für seine Zukunft am verheißungsvollsten. Genauso fühlte er sich ja schon die ganze Zeit, seit er unterwegs war, nämlich glücklich, und genauso sollte es nach Möglichkeit auch bleiben.

Er hatte auch das eigenartige Gefühl, jünger geworden zu sein. Er fühlte sich vitaler und kräftiger, seine Haut hatte Farbe bekommen, so daß er auch gesünder aussah, ein leichtes Lächeln umspielte seine Lippen, und seine Augen strahlten voller Lebensfreude. Sein ganzer Körper fühlte sich an wie ganz leicht unter Strom, ein wirklich tolles Gefühl.

Inzwischen hatte er den Ort schon weit hinter sich gelassen, die Sonne stand bereits ziemlich tief, als vor ihm ein kleiner glasklarer Fluß auftauchte. Weit und breit war kein Mensch zu sehen, also zog er sich nackt aus und stieg leise schaudernd in das wirklich eiskalte Wasser. Seine Haut begann zu bizzeln, im Nacken hatte er das Gefühl von lauter kleinen elektrischen Schlägen, und er fühlte sich so lebendig wie noch nie zuvor in seinem ganzen Leben. Ihm war, als würde er eins mit dem Fluß. Seine ganze unbefriedigende Vergangenheit als August zog an ihm vorüber, und er wusch sie sich gründlich ab. Unterdessen gingen über ihm am Himmel die Sterne auf, einer nach dem anderen, und es wurde langsam dunkel. Und langsam aber stetig vollzog sich in ihm eine Wandlung, der Dumme August war zu Felix geworden, zu Felix, dem Glücklichen, und Felix gedachte, seinem Namen gerecht zu werden. Er verließ den Fluß, kleidete sich wieder an und legte sich noch für eine Weile ins Gras. Voller Dankbarkeit schaute er sich den Sternenhimmel an. Er hätte gerne eine Sternschnuppe gesehen, um sich etwas wünschen zu können, aber auch so fühlte er sich reich beschenkt. Und endlich fühlte er sich bereit für sein neues Leben, so daß er sich erhob und den Rückweg in seine kleine Pension antrat. Felix war bei sich angekommen.

Genau wie du

Ich bin der Kleine Prinz

genau wie du

und auch der Fuchs

genau wie du.

Ich fühle mich leicht

und beschwingt

wie in Champagnerlaune

und bin doch ruhig und klar.

Ich danke dem Kleinen Prinzen

daß ich der Fuchs sein darf.

Sehnen und Fühlen

Mein **Herz** sucht dich nicht
denn es hat dich gefunden.
Mein **Herz** sehnt sich auch nicht
denn es trägt dich in sich.
Aber **ich** sehne mich
Und suche dich.

Wenn ich die Augen schließe
fühle und rieche
und sehe ich dich.
Aber ich möchte dich auch fühlen
und riechen und sehen
wenn ich die Augen
geöffnet habe.

Du liegst mit deinem Kopf
an meiner Brust
und ich wünsche mir
du bliebest dort bis in alle Ewigkeit
auch wenn die Ewigkeit
nur ein Augenblick wäre.
Ich möchte deine Haare berühren und
meine Nase hineinstecken
dich anfassen und
in deinen Armen liegen.
Aber ich wage nicht
es dir zu sagen
denn du bist noch
so weit weg.

Gehalten

Komm, lehn dich an mich,
ich halte dich fest.
Bleib einfach ruhig liegen
und laufe nicht weg.
Sprich einfach nicht
Spür einfach nur dich.

Dein Atem wird ruhig,
ich pass mich dir an,
fühl dich geborgen und
komm in dir an.

Wo Warst Du?

Wo warst du
Du warst da
Und doch nicht wirklich greifbar
Du suchtest meine Nähe
und entzogst dich ihr
Ich spürte dein Sehnen
Und konnte dich nicht erreichen
Ich suchte deine Nähe
Aber es schien dir immer
zu dicht zu sein.
Jetzt bist du da
Du bist greifbar
Du bist nahbar
Du bist Tiefe
Und bist Weite
Du bist Nähe
Und bist Ferne
Du bist hier
Ganz und gar.

Mit Dir

Ich könnte wieder Kind sein
Mit dir
Wenn ich es nur zulassen könnte
In mir erwacht das Kind
Durch dich
Wenn ich es nur aushalten würde

Das Kind in mir muß stark sein
Ohne dich
Das kenne ich
Aber ich will das nicht mehr aushalten

Das wiedererwachende Kind in mir
Fällt zurück in seinen Dornröschenschlaf
Ohne dich
Und das Leben geht weiter
Ohne dich
Und mein Dornröschen in mir stirbt
Ohne dich

Ich wünsche mir stark sein zu dürfen
Mit dir
Und ich erlaube mir schwach zu sein
Ohne dich

Für Dich

Liebe
Die das Herz weit macht
Und es sich öffnen läßt
Braucht keine Worte
Braucht keine Erklärung
Kein: „Ich liebe dich."

Liebe
Die das Herz weit macht
Und es sich öffnen läßt
Ist wie Musik
Die übers Ohr
In die Seele dringt
Und von der Seele
Zurück zum Herzen
Und vom Herzen
Ins Bewußtsein
Fließt.

Liebe
Die das Herz weit macht
Und es sich öffnen läßt
Ist inneres Hören
Mit allen Sinnen
Ist bewußtes Sein
Im Glück
Ist
Glücklich
sein.

Die Wahrheit über die Osterhasen

Eine Ostersonntagmorgen-Geschichte
Tatsächlich erlebt am Ostersonntagmorgen 1999
mit Anne und Veit

„Auaaa! Aua, meine Hand", schreit Veit auf der Treppe nach oben. Ein kurzes Weinen, dann ein tiefer Seufzer, gefolgt von einem Aufatmen und dem geflüsterten Beschluß: „Ich ziehe mich nicht an." Schließlich ein markerschütterndes Schreien: „Mami! Mamii! Mamiiiiiii! Zieh mich an!" Anne neben mir im Bett fährt erschrocken aus dem Schlaf und fragt: „Was war denn **das**?" und ist sofort hellwach. „Veit! Veiit! Veiiit!" ruft sie, noch ganz heiser vom Osterfeuer gestern Abend.

Da stürmt Veit auch schon ins Zimmer. Anne hebt die Bettdecke hoch und läßt Veit schnell zu sich ins Bett schlüpfen. Sie fragt ihn, was denn passiert ist, und Veit zeigt ihr seine rechte Hand, als ob er sich dort verletzt hätte, aber weder Anne noch ich können etwas Ungewöhnliches daran erkennen. Da ist absolut **nichts**.

Aber nun wollen wir wissen, was denn wirklich geschehen ist, und Veit erzählt uns, daß die Hündin Petty die ganzen Ostereier im Garten aufspürt, weil die Mama sie einfach hinausgelassen hat. Veit ist ganz betrübt und hat große Angst, nun gar keine Ostereier mehr zu finden.

Da kann ich ihn allerdings beruhigen. Ich erzähle ihm nämlich, daß die Osterhasen beim Laufen doch immer so Haken schlagen, was für einen Hund sehr verwirrend ist, so daß er den Osterhasenspuren gar nicht wirklich folgen kann. Und die Ostereier selber interessieren einen echten Hund gar nicht. Also ist es doch ganz ungefährlich, wenn Petty im Garten herumläuft.

„Wie sieht eigentlich ein Osterhase aus?" will Anne jetzt von Veit wissen. Ich denke mir im Stillen, daß Anne ja gar nichts weiß, aber glücklicherweise ist Veit informiert. „Blau", sagt er wie aus der Pistole geschossen. „Aha" sagt Anne, „und wie groß?"

Veit zögert einen Moment und meint dann: „Sooo?" und hält dabei seine Hände ein klein wenig auseinander. Das kommt nun sogar Anne etwas komisch vor, denn wie soll ein so winziger Osterhase das mit den vielen und auch zum Teil großen Eiern wohl machen? Veit leuchtet das auch sofort ein, und er läßt den Osterhasen ziemlich wachsen.

„Der Osterhase ist schwanger." erklärt uns Veit jetzt. „Der hat nämlich die ganzen Ostereier in seinem Bauch." Also, daß das nicht stimmt, gar nicht stimmen kann, weiß ich nun ganz genau. Wie sollte das auch gehen? Osterhasen **können** doch gar keine Eier legen, das tun doch die Hühner!

Aha . . .

„Also", beginne ich, „das ist nämlich so: die Osterhasen haben einen Vertrag mit den Hühnern. Diese legen all die Eier, welche die Osterhasen dann abholen und anmalen. Geschenke stecken sie in die großen Ostereier und packen schließlich alles in eine Kiepe, die sich die Osterhasen wie einen Rucksack auf den Rücken schnallen. Dann hoppeln sie los, und jedes Mal, wenn sie ein Nest gefunden haben, greifen sie nach hinten, holen ein oder auch mehrere Ostereier heraus und legen sie hinein."

Veit hat ganz aufmerksam zugehört und hat auch alles gut verstanden. Daß der Osterhase aber immer nach hinten greifen muß, so über die Schulter, das findet er doch recht umständlich. Und ich muß sagen, er hat Recht. Veit hat **wirklich** Recht! Mir ist nämlich gerade eingefallen, daß immer junge Osterhasenlehrlinge mit dem alten Osterhasen mitlaufen. Die Osterhasenlehrlinge holen nämlich die Ostereier aus der Kiepe und legen sie in die Osternester, die ihnen der alte Osterhase zeigt. Ist doch auch ganz logisch, oder? Denn jedes Mal, wenn der Osterhase sich bückt, würden doch alle Ostereier herausfallen, oder?

Ja, und im nächsten Jahr sind dann die Osterhasenlehrlinge schon selber Osterhasen und haben auch wieder Lehrlinge. Und deshalb gibt es jedes Jahr für alle Kinder viele, viele bunte Ostereier, immer und immer wieder.

So, nun wißt ihr endlich die Wahrheit über die Osterhasen. Und jetzt dürft ihr Ostereier suchen!

Ach so, ihr wollt wissen, wer die Geschichte geschrieben hat? Na, ich natürlich, ist doch klar. Ich habe sie auch erlebt, und Anne und Veit waren dabei. Und Petty hat wirklich kein einziges Osterei gefunden! Ich wußte es doch!

Unser aller Vater

Unser aller Vater,
der Du stets bei uns bist,
geheiligt ist Dein Name.
Dein Reich ist in uns.
Deine Liebe umgibt uns
und versorgt uns mit allem
im Überfluß.
Deine Stimme erklingt in uns
und lässt uns Deinen göttlichen Traum
Einer liebenden Menschheit
mit jedem Tag
deutlicher wahrnehmen
und erfüllen.
Denn Dein ist das Reich
und die Macht und die Herrlichkeit
in Ewigkeit.

Om - Amen.

Wo die Liebe hinfällt

Es ging schon seit langem drunter und drüber auf dem Hof des Bauern Franz Xaver Wohlfeil. Sein Hof befand sich überall und nirgendwo. Ich glaube, ich war schon mal dort, es ist der Hof, der sich durch einen besonders großen Misthaufen auszeichnet. Ja, F. X. Wohlfeils Lebensunterhalt waren nämlich Kühe, deshalb dieser überdimensionale Misthaufen. Er roch auch weithin (der Misthaufen natürlich, nicht der Bauer). Schlimmer wäre es gewesen, wenn er Schweine gemästet hätte. Aber glücklicherweise waren es Kühe. Ja, wirklich, glücklicherweise. Warum ich das so betone? Na ja, F. X. hatte sich verliebt. Und wenn er Schweine gehalten hätte, dann hätte auch er selbst weithin gestunken. Aber so roch er nur wie sein Misthaufen. Das war äußerst günstig, denn er hatte sich ausgerechnet in ein junges, hübsches? weibliches Wesen verliebt, das er in der nahen Stadt getroffen hatte.

Franz Xaver Wohlfeil war mitten im Ausmisten seines überdimensionalen Kuhstalles, als es ihn erwischte. Erst gestern war er noch in der nahen Stadt gewesen. Dort bot er immer seine Reine Landbutter, handgerührt, nicht geschüttelt wohlfeil auf dem Bauernmarkt an. Und plötzlich stand sie vor ihm! Sie sah ihn an mit ihren großen braunen Augen, die rund wie Teller und tief wie Moorseen waren, und Franz Xaver fiel und fiel und fiel und wäre beinahe in den Moorseen ertrunken. Erst, als dieses unglaubliche Wesen ihn sanft? an der Schulter rempelte, kam er wieder zu sich, schüttelte sich, packte seine restliche Reine und wohlfeile Landbutter ein und machte sich, noch immer gedankenverloren, auf den Heimweg. Nun befand er sich schon eine ganze Weile auf dem Gipfel seines überdimensionalen Misthaufens. Auf seine Mistgabel gestützt starrte er in die Ferne. Vor ihm tauchten die dunklen Moorseen auf, und aus heiterem Himmel überfiel ihn ein unglaublicher Schmerz, der ihn tief ins Herz traf. Zutiefst ... Franz Xaver war nicht mehr Herr seiner Gefühle, Tränen rannen über sein Gesicht, der Schmerz überwältigte ihn. Die Gabel drang unaufhaltsam tiefer in den Untergrund, und beinahe hätte Franz Xaver das Gleichgewicht verloren und wäre wieder gefallen. Aber diesmal nahm er sich zusammen und blieb aufrecht.

Vieles ging ihm plötzlich durch den Kopf. Er dachte an die Lust der abendlichen und morgendlichen Berührungen. Diese pralle, weiche Haut, diese wunderschönen kugelrunden braunen Augen: ein Traum! Er mußte sie einfach wiedersehen! Ach was, er mußte sie haben! Noch heute!

F. X. dachte an seinen bevorstehenden Urlaub in Griechenland, an die griechische Musik, die ihn immer so in Stimmung brachte, an das Lachen, das Singen und Tanzen und natürlich an die Liebe. Dann ging er hinein zu seiner Frau, erklärte ihr, daß es in diesem Jahr aus dem Griechenlandurlaub nichts werden würde, denn er hätte die Kuh seines Lebens gefunden, die er unbedingt noch heute kaufen müsse.

Inhaltsverzeichnis

Bildnachweis

Alle Bilder aus privatem Besitz

Seite 10	Die Weissach
Seite 17	Northeim/Hann., Breite Straße
Seite 26	Blick durchs Schlüsselloch in die Griechisch orthodoxe Kirche in Landshut
Seite 39	Bleichewall in Northeim mit Blick auf den Brauereiturm
Seite 43	Im Wieter, Northeim
Seite 83	In Ferrara (NON APPOGGIARE CICLI E MOTOCICLI)
Seiten	7, 31, 41, 49, 51, 57, 65, 67, 72: keine Angabe

Danksagung

Ich bedanke mich bei Mama, Papa und ihren Kindern (die einen Lebensabschnitt lang auch meine Familie war); bei Michael und bei meiner Freundin Roswitha Bartesch, weil sie alle mich auf ihre ganz persönliche Weise zu den vorliegenden Texten inspiriert haben.
Meiner Freundin Judith Merz danke ich für ihre Unterstützung bei der Textkorrektur und Formatierung, ebenso Helmut Gosch für seine unterstützenden Hinweise am PC. Und ich danke meinen Kindern Otto, Anne und Peter, die ich sehr liebe ebenso wie meine fünf Enkelkinder, und die mich jeden Tag aufs Neue zu irgendetwas inspirieren.

Weitere Bücher von Gisela Cordes:

Querbeet,
ISBN:3-938488.02-6
Lebenszyklen, Geschichten und Gedichte

Werner Tiki Küstenmacher, der Erfolgsautor des Buch-Bestsellers **„simplify your life"** schreibt im Juli 2007 über Gisela Cordes:

„Gisela Cordes ist eine außergewöhnliche Frau mit außergewöhnlichen Begabungen. Ihre besondere Gabe der Heilung habe ich selbst mehrmals am eigenen Leib erfahren und bin ihr sehr dankbar. Und was für eine Überraschung, daß diese heilenden Hände auch ausgesprochen heilsame und ermutigende Texte schreiben können! Ihre Einsichten und Geschichten führen in die Tiefen des menschlichen Lebens, aber stets auf eine augenzwinkernde und heitere Weise – so, wie Gisela Cordes auch selbst ist. Diese powervoll-positive Einstellung zum Leben ist ihr nicht zugeflogen. Sie kennt die Tiefen und das Leid des Lebens. Die Kraft, die sie nun anderen in Text und Therapie weitergibt, hat sie sich (wie alle großen Heilerinnen und Heiler) selbst erarbeiten müssen. Und gleichzeitig ist diese Kraft, das spürt man ihrem „Querbeet"-Buch an, ein Geschenk. Etwas, das größer ist als wir."

Heilung über die Wirbelsäule (vergriffen),
wird 2010 in überarbeiteter Version neu aufgelegt.

ISBN: 978-9813445-1-6

Wandtafel/Poster: Heilung über die Wirbelsäule, im Buchhandel zu beziehen unter

Bestell-Nr.: 42 6014552 0009

Wandtafel der Wirbelsäule in den Chakrafarben zur leichteren Übersicht, mit psychischer Zuordnung nach den Erkenntnissen von Gisela Cordes, sowie mit den Organbezügen und möglichen Erkrankungen, außerdem den Funktionskreisen nach TCM und der Organuhr.